Cornelia Topf

Selbstcoaching für Frauen

Cornelia Topf

Selbstcoaching für Frauen

Stark, sympathisch und erfolgreich in Beruf und Privatleben

GABAL

Bibliografische Information der Deutschen Nationalbibliothek

Die Deutsche Nationalbibliothek verzeichnet diese Publikation in der Deutschen Nationalbibliografie; detaillierte bibliografische Daten sind im Internet über http://dnb.d-nb.de abrufbar.

ISBN 978-3-86936-442-1

Lektorat: Dr. Sandra Krebs, GABAL Verlag GmbH
Umschlaggestaltung: Martin Zech Design, Bremen | www.martinzech.de
Umschlagfoto: Yuri Arcurs/shutterstock
Satz und Layout: typopoint GbR, Ostfildern
Druck und Bindung: Salzland Druck, Staßfurt

www.gabal-verlag.de
www.twitter.com/gabalbuecher
www.facebook.com/Gabalbuecher

2. Auflage 2014

Abonnieren Sie den GABAL-Newsletter unter:
newsletter@gabal-verlag.de

Inhalt

Vorwort für Dornröschen 9
Coaching? Für Frauen? 9

1 Denk dich stark! 13
Du bist Coachin 13
Selbstcoaching funktioniert 15
Einstellungen sind wichtiger als Tatsachen 16
Einstellungen regieren die Welt 19
Ein wunderbarer Katalog: konstruktive Einstellungen 20
Mach deine Einstellungen fit! 22
Welche Einstellung wählst du? 24
Fünf Aufwärts-Einstellungen 26
Was denkst du gerade? 30

2 Sei so klar! 33
Was wünschst du dir vom Leben? 33
Die innere Auftragsklärung 34
Das Leben klären 36
Was ist dein Auftrag? 38
Die Struktur der Welt 39
Verhandle – mit dir! 40
Die inneren Abers 42
Die großen Fragen 45
Die innere Erlaubnis 47
Stark und klar 47

3 Wecke deine Kraft! 49
Das schwache Geschlecht 49
Verwandle deinen Zweifel! 51
Red dir gut zu! 54
Mit einem guten Gefühl 56
Die Macht der Erwartung 57

Deine beste Freundin 59
Vergleich dich richtig! 59
Das Streisand-Prinzip 60
Stärken rechtfertigen 62
Die große weibliche Schwäche 64
Universelle Stärken 64

4 Räum Steine weg! **67**
Erkenne, was dich bremst! 67
Die Hürdenläuferin 68
Erfasse die Anforderungen! 70
7 Versuche 71
Wer schreibt, die bleibt 72
Denk in Prioritäten! 75
Fokussier dich! 76
Atomisiere Ziele und Hindernisse! 77
Der beste Tipp: Mach! 78
Hindernis? Aufgabe! 79

5 Bau dich auf! **81**
Geh dir selbst aus dem Weg! 81
Warum tust du dir das an? 86
So motivierst du dich 88
Killer-Einstellungen 89
Wut ist besser als Zweifel 90
Weiblicher Perfektionismus 94
Der schönste Platz auf Erden 97
Hindernis-Training 99

6 Frag dich durch! **101**
Wer fragt, die führt 101
Frag bloß nicht! 104
Vertrau dir! 106
In der Ruhe liegt die Frage 108
Die innere Zicke verzaubern 109

Gute Fragen . . . 110
Lasst uns fragen! . . . 116

7 Red dich raus! . . . 117
Die Macht deiner Worte . . . 117
Sprich dich stark! . . . 119
Warum magst du dich nicht? . . . 120
Was denkst du von dir? . . . 122
Red glaubwürdig! . . . 124
Red mit dir, wenn es dick kommt! . . . 125
Verweigere Introjekte! . . . 126
Aktiviere den Affekt! . . . 127
Formuliere handlungsorientiert! . . . 128
Direktes Reden . . . 129
Schnelle Tipps zum Change-Talk . . . 130
Die Shakespeare-Strategie . . . 132
Finde dein Zauberwort! . . . 133

8 Pack's an! . . . 135
Technik, nicht Talent . . . 135
Hör auf dich! . . . 137
Mood Management . . . 138
Gefühle zaubern: Verbalprägung . . . 139
Wenn sie dir krumm kommen: Reframe! . . . 140
Feedback ist Holschuld . . . 141
Willst du das? . . . 142
Change History . . . 142
Schwachstellen-Alltagstraining . . . 143
Richtig trainieren . . . 144
Die FBI-Technik . . . 145
Die BeST-Technik . . . 146
Was ist deine eigentliche Aufgabe? . . . 147
Der Fragen-Finder . . . 148
Whatever it takes . . . 149
Mach's mit! . . . 150

9 Mach weiter so! 151
Wann soll ich mich coachen? 151
Erlaube es dir! Entscheide dich! 152
Die eigentliche Motivation 153
Mach dich auf was gefasst! 155
Die Einsamkeit der Träumerin 156
Selbstwirksamkeit 158
Finde das rechte Maß! 160
Authentizität 161
Coaching ist Haltung 163
Prüfe dein Selbstbild! 164
Bleib dabei! 165

Nachwort: Vom inneren Wachstum 167

Über die Autorin 169

Weiterführende Literatur 170

Register 172

Vorwort für Dornröschen

»These women are employing
but a small part of their strength,
because they are ignorant that the Goddess' strength is their own.
Let each woman find in herself her own Goddess.«
THORNTON WILDER, THE IDES OF MARCH

Coaching? Für Frauen?

Vor fünf Jahren saßen in meiner Coaching-Praxis praktisch nur Männer: Vorstandsmitglieder, Topmanager, Architekten, Rechtsanwälte und Ingenieure. Seither hat sich mächtig viel geändert!

Frauen haben Coaching für sich entdeckt. Sie haben das meiner Ansicht nach beste Instrument der beruflichen und persönlichen Weiterentwicklung für sich in Anspruch genommen. Und das zu Recht.

Coaching: das Beste für Ihre Entwicklung

Was ich mit Coaching schon alles erlebt habe! Nach dem Prinzip: Mit Coaching in nur sechs Wochen von der grauen Maus zur Vorstandsvorsitzenden! Im Ernst: Die Chancen, die Coaching bietet, sind unvergleichlich. Deshalb fand ich es immer schade, dass nur jene in den Genuss dieser Chancen kommen, die den Weg in eine (gute) Coaching-Praxis finden. Ich wollte immer schon eine Coaching-Praxis in jedem Wohn- und Esszimmer, jedem Schlafzimmer und jeder Küche aufmachen. Und natürlich in jedem Büro und an jedem Arbeitsplatz. Auch an Ihrem! Das war meine erste Motivation, dieses Buch zu schreiben.

Meine zweite: Nach über 20 Jahren als Trainerin, Coachin und Beraterin für beide Geschlechter und nachdem ich viele Bücher für Männer und Frauen über Themen wie Durchsetzungsfähigkeit, Schweigen, Verhandlungsführung und Rhetorik geschrieben hatte, wurde mir klar, dass Frauen in der heutigen Zeit nicht nur Fachkompetenz und persönliche Ausstrahlung benötigen. Sie brauchen auch ein besonderes Instrument, um ihre eigenen Stärken besser zu entwickeln. Denn die Welt dreht sich immer schneller. Leider rennen wir immer noch im selben alten Trott den Entwicklungen in Wirtschaft, Gesellschaft, Beziehung und Familie hinterher. Das kann, das darf nicht sein! Wir müssen uns intelligenter entwickeln, schneller besser werden. Denn Hinterherrennen macht keinen Spaß!

Der dritte Anlass: Viele weibliche Angestellte, Projekt- und Medienmanagerinnen, Ingenieurinnen, Verlegerinnen, Juristinnen, Grafikerinnen, Studentinnen, Azubinen, Web-Designerinnen, Einzelhändlerinnen, Geschäftsführerinnen, Unternehmerinnen, Handwerkerinnen, alleinerziehende Mütter, Verbandssekretärinnen und Uni-Absolventinnen fragten mich nach dem Coaching: »Haben Sie nicht etwas für die Zeit nach dem Coaching? Quasi eine Fern-Coachin zum Aufklappen?« Et voilà! Hier ist sie.

Sie machen es sich unnötig schwer

Allein kann das eine Frau zwar auch schaffen: Beruf, Karriere, Beziehung, Familie, Haus, Kinder, Freunde, gesellschaftliche Verpflichtungen und persönliches Glück – alles unter einem Hut! Doch ganz allein macht das einsam, frustriert, irgendwann ausgebrannt, auf jeden Fall unattraktiv und unsympathisch, auf Dauer nicht wirklich viel Spaß und es wird vor allem auf keinem dieser vielen Felder mit großem Erfolg belohnt. Ganz abgesehen davon, dass es allein ziemlich schwerfällt. Das ist der Grund, warum Frauen die Doppelbelastung Beruf *und* Familie oft so quält: nicht nur, weil sie per se sehr schwer wäre – sie ist es! – sondern auch, weil wir es uns unnötig schwer machen.

Deshalb braucht jede Frau eine Verbündete, eine Mentorin, eine Coachin, die sie unterstützt. Die immer für Sie da ist und Sie nie im Stich lässt. Die stärkt, stützt, tröstet, beflügelt, absolut verschwiegen ist und immer eine Lösung parat hat. Die Sie besser kennt als Ihre eigene Mutter. Die immer zu Ihnen hält. Die Sie bremst, bevor Sie was Dummes machen, die Sie zum ganz großen Erfolg befähigt und doch immer schön auf dem Teppich, immer freundlich und sympathisch hält. So eine Wonder Woman gibt es nicht? Gibt es wohl. Diese Coachin, die immer für Sie da ist und die Sie besser kennt als jeder andere Mensch, sind – natürlich! – Sie selbst. So kennen Sie sich gar nicht? Natürlich nicht. Jetzt noch nicht. Aber am Ende dieses Buches. Das verspreche ich Ihnen.

Es steckt so viel mehr in Ihnen

Sie werden Kräfte in sich entdecken und vor allem wecken, die Sie nie in sich vermutet hätten. Sie werden eine Klarheit im Denken erwerben, die Sie jede Komplexität des Lebens und des Berufs schneller und leichter bewältigen lässt. Sie werden einen Mut und eine Tatkraft entwickeln, die Sie in großen Schritten voranbringen. Sie werden Selbstvertrauen und Ausdauer stärken, damit Sie auch größere Aufgaben gut und sicher zum Ziel führen. Sie werden besser werden, sich besser fühlen, besser denken, stärker handeln, eine stärkere Ausstrahlung auf andere entfalten, sympathischer wirken und die Menschen in Ihrem beruflichen, privaten und familiären Umfeld begeistern, mitreißen und zu gemeinsamen Zielen führen. Und für all das müssen Sie noch nicht einmal viel Neues lernen. Das meiste davon schlummert bereits in Ihnen, sehnlich darauf wartend, wachgeküsst zu werden.

Spitz die Lippen, Darling!

Denk dich stark!

1

»Einstellungen sind wichtiger als Tatsachen.«
Dr. Karl Menninger

Du bist Coachin

»Zu blöd, dass ich Sie heute Morgen nicht aus dem Meeting heraus anrufen konnte!«, klagte mir die Leiterin des Firmenkundengeschäfts einer Bank. Sie kommt regelmäßig alle paar Wochen ins Coaching und meinte: »Am nötigsten hätte ich Sie, wenn bei uns wieder der Bär steppt. Wie heute Morgen im Meeting. Wenn es hart auf hart kommt, wer coacht mich dann?« Das werde ich häufig gefragt. Die Antwort ist ganz einfach.

Wer steht zu Ihnen?

Wer ist immer in Ihrer Nähe? Wer kennt Sie besser als Ihre beste Freundin? Sie selbst! Es ist super, wenn Sie eine beste Freundin haben, einen verlässlichen Partner oder eine gute Coachin. Doch selbst diese drei können nicht immer bei Ihnen sein. Nicht immer dann, wenn es darauf ankommt. Dann sollten Sie allein Ihre Frau stehen (können). Ja, ich weiß, das machen Sie doch sowieso ständig! Aber wie?

Leider oft mit dem unguten Gefühl, nicht gut genug zu sein, Ihre Sache nicht ganz richtig zu machen, es doch viel besser machen zu müssen, machen zu sollen, machen zu wollen und eigentlich auch machen zu können. Und in genau diesen Situationen wird künftig Ihre persönliche Coachin für Sie da sein. Damit es Ihnen besser geht. Damit Sie es besser *machen*. Damit Sie zufrieden auf sich blicken und aus vollem Herzen sagen können: »Gut gemacht!« Wie fühlt sich diese Aussicht an?

Coach yourself

Spüren Sie dieser Aussicht nach. Wie fühlt es sich an, wenn Sie in kritischen Situationen besser drauf sind, sich besser fühlen, klarer denken und entscheiden, souveräner agieren können? Atmen Sie dieses Gefühl. Spüren Sie es in allen Facetten. Erinnern Sie sich gut daran. Es ist Ihr persönliches Leitgefühl. Diesem guten Gefühl wollen Sie mit jeder Buchzeile, jeder Übung und jedem Merksatz näher kommen.

Hört sich gut an? Sicher. Wo ist der Haken? Wahrscheinlich liegt es Ihnen auf der Zunge. Wie es der Leiterin des Firmenkundengeschäfts auf der Zunge lag, die wir eben kennengelernt haben. Sie sagte: »Aber wenn ich mich in solchen Situationen total mies fühle! Und wenn mich im Meeting die Männer anblaffen und ich einen Kloß im Hals habe – da soll ich mich auch noch selbst coachen?« Na klar! Wann denn sonst? Und vor allem: Wer denn sonst?

Schön, wenn der Märchenprinz vorbeireitet und Sie rettet. Noch schöner allerdings wäre, wenn Sie nicht auf den Prinzen warten würden: Dornröschen rettet sich selbst! Denn Frauen sind etwas zuverlässiger als zufällig vorbeireitende Prinzen.

Wenn es Ihnen gut geht, brauchen Sie keine Coachin. Wenn nicht, wenn Sie in der Bredouille stecken, unscharf denken oder von Emotionen überwältigt werden, wenn Sie es also am nötigsten haben, dann sind Sie für sich da. Das eröffnet eine tiefe Erkenntnis:

Selbstcoaching ist kein Luxus, sondern Ausdruck einer selbstständigen Persönlichkeit. Das eine bedingt das andere.

Schreiben Sie Ihr Drehbuch selbst!

Intellektuell und emotional selbstständige Frauen coachen sich selbst. Und je mehr und je lieber sie das tun, umso stärker wächst ihr Selbstwertgefühl. Selbst ist die Frau! Opfer dagegen coachen sich nicht selbst. Die warten, bis sie jemand rettet. Das ist ihre

Einstellung zum Leben, ihr geheimes Drehbuch; die Psychologin nennt das deshalb auch: Skript. Wollen Sie mit diesem Drehbuch leben? Ich bin mir sicher: Nein. Sonst wären Sie nicht hier. Opfer lesen keine Ratgeber für die geistige und emotionale Selbstständigkeit. Sie *warten* auf den Ratgeber. Nicht weil sie ungeschickt und dumm wären. Sondern weil sie ahnungslos sind. Sie ahnen oft nicht einmal, wie wirksam sie sich selbst helfen könnten. Denn: Selbstcoaching funktioniert.

Selbstcoaching funktioniert

Führungsfrauen in allen Branchen setzen Selbstcoaching seit Jahren, wahrscheinlich seit Jahrhunderten ein. Schon von historischen Führungsfrauen wie Cleopatra sind Aussprüche überliefert, die darauf schließen lassen. Und Sie machen das längst auch schon.

Sie tun es bereits

In wie vielen Situationen haben Sie sich nicht schon Dinge gesagt wie »Kopf hoch, das kriegst du hin!«, »Kinderkriegen ist schlimmer!«, »Trau dich einfach!«, »Mach doch nicht immer alles so kompliziert!«, »Andere haben das doch auch geschafft!«, »Sei nicht immer so perfekt!«? Wo haben Sie überall zustimmend genickt? Sehen Sie, Sie können das doch! Wie bitte? Das war's schon? Natürlich!

Selbstcoaching ist einfach

So einfach ist Selbstcoaching. Sie brauchen dafür im Prinzip nur zweierlei: Ihre Gedanken und Ihre Gefühle. Und die haben Sie ja schon! Mehr als genug davon! Je mehr Sie davon haben, umso besser.

Intelligente Menschen machen sich mit ihrer Fülle von Gedanken zwar oft das Leben unnötig schwer. Eine Eigenschaft, die im Deutschen auch als »Charakter« bezeichnet wird. Doch diese Fülle an Gedanken macht ihnen das Selbstcoaching gleichzeitig leichter. So birgt jede Schwäche eine Stärke in sich.

Selbstcoaching ist im Prinzip nichts anderes als die Kunst, sich mit seinen Gedanken und Gefühlen selbst zu helfen. Das machen Sie schon. Täglich dutzendfach. Davon merken Sie nicht viel? Natürlich nicht! Weil Sie es meist *unbewusst* machen. Deshalb nützt es Ihnen noch nicht so viel, wie es nutzen könnte. Wir machen in diesem Buch gemeinsam das Unbewusste bewusst. Das ist die ganze Kunst.

Das Unbewusste wird bewusst – und damit hundertfach wirksamer.

Möglicherweise hatten Sie zu Beginn des Buches Gedanken im Kopf wie: »Wenn ich mir selbst gut zurede, dann bringt das nichts!« Vielleicht hat sich dieser Gedanke aufgrund unserer gemeinsamen Überlegungen geändert in etwas wie: »Ich möchte mir selbst helfen können! Ich probiere Selbstcoaching aus. Im Grunde mache ich das ja schon längst!« Wenn Sie beide Gedanken vergleichen: Was fällt Ihnen auf?

Einstellungen sind Gedanken, die uns leiten

Richtig: Beides sind Einstellungen. Die erste Aussage drückt eine skeptische, die zweite eine konstruktive Einstellung aus. Sehen Sie? Sie kennen schon ein zentrales Element des Selbstcoachings: Einstellungen sind die Segel des Lebens. Je besser wir unser Segel setzen können, desto schneller fahren wir auf den Wellen unserem Zielhafen entgegen.

Einstellungen sind wichtiger als Tatsachen

Andrea ist stellvertretende Abteilungsleiterin und mit großen Schritten auf der Karriereleiter unterwegs. Eines Tages untersagt ihr Chef ihr den Besuch eines Turnus-Meetings, das sie von Amts wegen schon über ein Jahr lang jeden Monat besucht hat. Es ist klar, was dahinter steckt: »Dem steige ich zu schnell auf! Der fürchtet eine Kronprinzessin!« Andrea ist zu Recht sauer: »Das ist typisch Old Boys Network! Die wollen mich von den wichtigen Informationen abschneiden! Dann sollen sie ihren Mist eben allein machen.« Was ist das? Erst einmal eine Tatsache: Andrea sagt, wie es ist. Ach ja?

Wie viele Seiten hat ein Ding?

Hildegard Palm, die Protagonistin in Ulla Hahns Roman *Das verborgene Wort* fragt ihren Großvater: »Großvater, wie viele Seiten hat ein Ding?« Er sagt: »So viele Seiten, wie man Blicke darauf werfen kann.« Ein weises Wort und eine perfekte Anleitung zum Selbstcoaching:

Werfen Sie einen anderen Blick darauf! Wenn Sie künftig Menschen, auch sich, über Dinge reden hören, dann fragen Sie sich: »Die Worte hör' ich wohl. Welche Einstellung steckt dahinter?« Und dann werfen Sie einen anderen Blick darauf und finden noch andere Einstellungen dazu.

Coach yourself

Setzen Sie die Einstellungsbrille auf und betrachten Sie Andreas Klage: »Das ist typisch Old Boys Network! Die wollen mich von den wichtigen Informationen abschneiden! Dann sollen sie ihren Mist eben allein machen.« Wie würden Sie die Einstellung dahinter beschreiben? Vertrauen Sie Ihrer spontanen Wahrnehmung.

Im Seminar nennen Teilnehmerinnen Eindrücke zu Andreas Einstellung wie: beleidigt, klein, mädchenhaft, trotzig, traurig, eingeschnappt, frustriert, defätistisch ... Was war Ihr Eindruck von Andreas Einstellung? Und nun machen Sie es wie Hildegards Großvater:

Coach yourself

Wenn Sie hinter einer Aussage die Einstellung wahrgenommen haben: Werfen Sie einen anderen Blick auf die Situation! Und noch einen anderen! Fragen Sie andere Menschen nach deren Blickwinkel!

Im Seminar sagen viele Teilnehmerinnen: »Die Old Boys wollen mich ausschließen? Denen werd' ich's zeigen!« Oder: »Ach, das wird nicht so heiß gegessen, wie es gekocht wird. Ich muss dann eben mal mit meinem Vorgesetzten darüber reden.« Sie furchen die Stirn?

Einwände sind Wegweiser

Das tun viele an dieser Stelle. Warum? Darum: »Aber so kann man das doch nicht sehen!« Haben Sie auch gedacht? Wunderbar! Die Einstellungen, gegen die wir uns am vehementesten wehren, sind die wichtigsten für uns. Warum reagiert Andrea als immerhin stellvertretende Abteilungsleiterin immer noch wie eine Zwölfjährige, der der Papa das Beyoncé-Konzert verbietet? Eingeschnappt und kleinmädchenhaft? Warum reagiert sie nicht wie Theresa mit »Jetzt erst recht!« und »Den krieg ich auch noch rum!«?

Coach yourself

Begrüßen Sie Ihre Einwände gegen andere, neue, ungedachte Einstellungen mit Freude! Sagen Sie: »Willkommen, alte Freundin!« Dann fragen Sie sie: »Was möchtest du mir sagen? Was steckt dahinter? Warum möchte ich das nicht anders sehen? Was bringt mir meine alte Perspektive?«

Andrea zum Beispiel sah sofort: »Meine Frust-Einstellung macht mich klein und ganz jung. Ich darf auf Papa warten, der mich retten soll. Außerdem erspare ich mir so eine nervenaufreibende Auseinandersetzung mit meinem Vorgesetzten.« Aha:

Hinderliche Einstellungen nutzen uns! Deshalb pflegen wir sie.

Was dieser heimliche Nutzen ist, ist uns oft jahrelang unbekannt. Wir kennen uns leider selbst nicht besonders gut hinsichtlich der wirklich wichtigen Punkte unserer Persönlichkeit. Andrea war lange Jahre nicht ganz klar, warum sie regelmäßig sauer auf die Old Boys war: Je older der Boy, desto jünger und dümmer fühlte sie sich. Das war so lange so, bis Andrea sich selbst auf die Schliche kam:

Kommen Sie sich selbst auf die Schliche! Schauen Sie sich Ihre Einstellungen an und fühlen Sie ihrem heimlichen Nutzen nach.

Und dann: Machen Sie sich zur Sau! Sagen Sie sich: »Blöde Kuh! Wie kannst du nur!« Ach ja? Nein. Und an diesem Punkt möchte ich Ihnen ein Versprechen abnehmen:

Bitte versprechen Sie mir und sich selbst hier und jetzt: »Egal, wie mich andere Menschen behandeln – ich werde mich ab sofort und bis an mein seliges Ende mit Hochachtung und Aufmerksamkeit behandeln.«

Diese zentrale Einstellung sollte eigentlich selbstverständlich sein. Dass sie alles andere als das ist, wissen wir nur zu gut. Deshalb die Notwendigkeit des Versprechens: Gemacht wird, was versprochen wird. Wir sollten uns ernsthaft vornehmen, uns stets gut zu behandeln. Nicht nur wegen des offensichtlichen Nutzens, sondern auch wegen der tiefer liegenden Bedeutung: Einstellungen regieren die Welt.

Behandeln Sie sich selbst mit Achtung!

Einstellungen regieren die Welt

Wir Wohlstandskinder sind in einer materialistischen Welt aufgewachsen. Deshalb vergessen wir oft und gern die entscheidende Bedeutung von Einstellungen. Auch und gerade, wenn es um so zentrale Fragen geht wie: Warum machen Männer schneller Karriere als Frauen und verdienen immer noch mehr? Sogar nach Abzug des Kinderfaktors?

Studien und auch meine eigene empirische Erfahrung aus Training und Coaching zeigen, dass es den kleinen Unterschied zwischen Mann und Frau tatsächlich gibt. Er sitzt nur nicht da, wo ihn die meisten vermuten, sondern weiter oben. Er sitzt im Kopf: Männer und Frauen leben mit radikal unterschiedlichen Einstellungen.

Der kleine Unterschied steckt im Kopf

Männer pflegen meist ganz unbewusst die Einstellung: Macht, Geld, Status, Karriere und Prestige zeigen der Welt und mir, was ich wert bin – und Leistungsdruck, Hierarchie und Konkurrenzkampf gehören zu den Spielregeln. Frauen pflegen ebenfalls meist unbewusst die Einstellung: Gute Arbeit, gute Inhalte, gute Leistung, Sinnhaftigkeit des Handelns und ein gutes Klima sind wichtig – und Kooperation und zirkuläre Organisation sind die Spielregeln. Wenn Sie mal beide Einstellungen vergleichen, wird es Sie wundern, dass es überhaupt Frauen gibt, die Karriere machen und gutes Geld verdienen. Männer haben karriereförderliche Einstellungen übernommen, Frauen eher karrierehinderliche. Leider wird das Thema »Einstellungen« weder in Schule noch Elternhaus und schon gar nicht in den Medien oder am Arbeitsplatz diskutiert. Wie gut, dass Sie hier sind! Wenigstens hier können wir darüber reden, was die Welt und die Persönlichkeit im Innersten zusammenhält: Einstellungen.

Sie müssen nicht zum Mann mutieren

Heißt das jetzt, Sie müssen die Einstellungen von Männern übernehmen, wenn Sie es in der realen Welt zu etwas bringen wollen? Diesen Schluss ziehen viele Frauen und seltsamerweise manchmal auch Ratgeber und Redakteurinnen. Das ist natürlich Unfug. Schon rein logisch! Wir hatten doch eben (s. Seite 17) gesagt, dass jedes Ding so viele Seiten hat, wie man Blicke darauf werfen kann. Warum sollte also die Chauvinisierung oder die Maskulinisierung von Frauen der einzig mögliche Karriereweg sein? Fällt Ihnen eine Antwort darauf ein? Mir auch nicht. Es gibt nicht nur männliche Einstellungen. Es gibt Hunderte anderer, besserer. Picken wir uns ein paar heraus.

Ein wunderbarer Katalog: konstruktive Einstellungen

Sie sind einzigartig. Niemand ist so wie Sie. Wenn Sie also mit Ihrem Einstellungs-Radar in der Hand hinter vielen Ihrer Gedanken hinderliche Einstellungen erkennen, dann sind diese so hoch persönlich, dass Sie auch eine hoch persönliche und spezifische konstruktive Einstellung dafür finden sollten. Nicht jede Frau kann zum Beispiel mit der konstruktiven Einstellung etwas anfangen: »Du packst das, Baby!« Wem das zu burschikos ist, die findet vielleicht Gefallen an: »Das traue ich mir zu!« Mit der Einstellung ist es wie mit der Kleidung: Nicht die modische Bluse ist entscheidend, sondern ob sie (zu) Ihnen passt.

Wenn Sie zu einer hinderlichen die passende konstruktive Einstellung suchen, probieren und modifizieren Sie bitte so lange, bis Inhalt, Anmutung und Wortlaut Ihnen sagen: »Genau das ist es! Das passt! Das gibt mir und mir allein ein gutes Gefühl!«

Damit Sie bei den ersten Suchanläufen nicht ganz verloren im Wald stehen, gibt es eine Reihe von Rahmen-Einstellungen, die vielen Frauen täglich von Nutzen sind. Machen Sie es wie mit dem Modekatalog: Schauen Sie rein, picken Sie etwas Passendes heraus und passen Sie es für sich an. Ergänzen Sie den Katalog mit eigenen konstruktiven Einstellungen, die Ihnen spontan einfallen:

Die Einstellung muss zu Ihnen passen

- ❖ Das ist ein Problem? Nein! Das ist eine Aufgabe!
- ❖ Das ist ein Problem. Was ist mein Problemanteil? Mein Aspekt der Angelegenheit, den ich beeinflussen kann?
- ❖ Ich kann das vielleicht nicht lösen. Aber wie kann ich es beeinflussen?
- ❖ Warum passiert mir so etwas? Nein: Was kann ich tun?
- ❖ Ich kann nicht beeinflussen, was mir passiert. Aber ich kann beeinflussen, wie ich darauf reagiere!
- ❖ Niemand kann mich zwingen, mich mies zu fühlen. Ich wähle meine Gefühle selbst.
- ❖ Ich kann mir nicht alles im Leben aussuchen – aber meine Einstellung immer. Welche wähle ich für diese Situation?
- ❖ Oh, was für eine wunderbare negative Einstellung! Bestimmt finde ich eine genauso wunderbare konstruktive dazu!
- ❖ Welche Einstellungen habe ich denn zur Verfügung?
- ❖ Bringt diese Einstellung mich meinen Wünschen und Zielen näher? Wenn nicht, welche schafft das eher?
- ❖ Ist das, was ich gerade denke, noch eine Tatsache? Oder ist es schon eine Einstellung?
- ❖ Was könnte ich jetzt in diesem Augenblick tun, um mich meinen Wünschen auch nur ein kleines Stück näher zu bringen?
- ❖ Wenn ich das mache, was ich immer mache, bekomme ich das, was ich immer bekomme. Also was könnte ich Neues ausprobieren?
- ❖ Welche Optionen habe ich? Welche wähle ich?

Ist das nicht ein allerliebster Fühl-dich-gut-Katalog? Eine Seminarteilnehmerin sagte mir mal dazu: »Ich habe mir den Katalog auf blaues Briefpapier kopiert und neben den Badspiegel gehängt. Seither habe ich immer einen guten Start in den Tag!« Sie würden sich so was nicht ins Bad hängen? Ja, genau das wollte ich damit sagen!

Ihr persönlicher Fühl-dich-gut-Katalog

Einstellungen sind wie ein Ackerboden: Ohne Arbeit liegt er brach. Steckt die Öko-Landwirtin aber ehrliche Arbeit rein, bringt er tausendfache Frucht und nährt die Welt. Das heißt: Es ist egal, wo Sie sich Ihre Kerneinstellungen hinhängen! Hauptsache, Sie arbeiten damit auch und gerade dann, wenn Sie sie nicht brauchen. Denn wenn Sie Kartoffelsalat machen wollen, ist es zu spät, Kartoffeln zu pflanzen.

Wir Frauen sind jede Arbeit gewohnt. Nur nicht die wichtigste, fruchtbarste: die an unseren eigenen Einstellungen. Deshalb arbeiten wir jetzt mal gemeinsam.

Mach deine Einstellungen fit!

Amerikanische Selbsthilfe-Bücher sollten europäische Frauen eigentlich nicht lesen. Denn immer wieder finden sich darin Passagen wie: »Denk nicht: Alles ist Mist! Denk lieber: Alles ist super!« Das Witzige: In Amerika funktioniert diese verbale Switch-Technik tatsächlich überraschend oft. Scheinbar können viele Amerikanerinnen ihre hinderlichen Gedanken einfach per Fingerschnipsen ins Gegenteil verkehren. Unglaublich! Die Europäerin dagegen tippt sich tendenziell an die Stirn. Wenn sie Glück hat.

Wenn nicht, reagiert sie genervt und mit Selbstvorwürfen darauf: »Ich kann das nicht! Ich krieg das einfach nicht hin. Bin ich blöd? Fehlt es mir an Disziplin? Stimmt etwas mit meinem Kopf nicht?« Ich möchte keiner Amerikanerin zu nahe treten, aber:

Ein intelligenter Mensch kann nicht einfach einen hinderlichen Gedanken durch einen konstruktiven ersetzen. Allein den Versuch wertet Ihr Unterbewusstsein mit: »Willst du mich verscheißern? Hältst du mich für so schlicht gestrickt? Ich bin eine komplexe, vielschichtige, multidimensionale Persönlichkeit! Also behandle mich gefälligst so!«

Zu einfache Rezepte befriedigen Sie nicht

Kommt Ihnen bekannt vor? Ja, das Gefühl haben wir alle, wenn die Rezepte zu einfach für unser anspruchsvolles Innenleben sind. Deshalb:

Versuchen Sie nicht öfter als zweimal, das halb leere Glas halb voll zu sehen. Wenn das bei Ihnen nicht funktioniert, funktioniert es eben nicht. Gehen Sie nicht so radikal vor! Sondern iterativ. Behutsam. Schritt für Schritt.

Andrea zum Beispiel sagt sich nicht: »Das Old Boys Network will mich von Informationen abschneiden? Denen geig' ich aber jetzt mal so was von die Meinung!« In nur einer einzigen Sekunde einstellungsmäßig vom verängstigten Mädchen zur supertoughen Amazone? Da hätte Andrea das Gefühl, sich selbst Gewalt anzutun. Und das ist das zweite Versprechen, das Sie mir und sich geben:

Bitte versprechen Sie sich und mir, dass Sie sich niemals Gewalt antun werden, sich zwingen werden, sich verbiegen oder auf »Disziplin« setzen werden. Wenn Ihnen ein Rat wehtut, ist es ein Ratschlag! Auch Ratschläge sind Schläge. Das heißt nicht, dass Sie den Rat verwerfen sollten. Das wäre ein Fehler im anderen Extrem! Es heißt vielmehr, dass Sie sich fragen mögen: Wie kann ich das Ziel dieses Rates auf eine Weise erreichen, die mir entspricht?

Kosten Sie, welche Einstellung Ihnen »schmeckt«!

Andrea zum Beispiel sagt sich: »Ich tret' meinem Vorgesetzten in den Arsch – das würde ich nie sagen oder denken.« Aber ein guter Anfang ist doch: »Das muss ich mir nicht bieten lassen!« Ich schaue sie im Coaching an. Andrea verkostet diese neue Einstellung wie einen guten Wein. Sie lässt sie auf der Zunge rollen, überlegt, schmeckt nach. Dann lächelt sie: Passt! Okay, weiter! Sie sagt: »Ich könnte mir danach auch sagen: Ich kann mich wehren!« Ich frage: »Indem Sie mit der Faust auf den Tisch hauen?« Sie erschrickt: »Muss ich das denn?« Ich antworte: »Nicht, wenn Ihnen das nicht passt. Übernehmen Sie nicht meine Einstellungen. Finden Sie Ihre eigenen. Die beste Einstellung, die Sie finden können, ist Ihre eigene.« Sie überlegt eine Weile, probiert dies und das und sagt dann: »Mit der Faust auf den Tisch mache ich nicht. Aber ich habe einen guten Draht zum Vorstand. Ich ziehe an meinen Fäden!« Oh, was für eine wunderbare, tolle, konstruktive Einstellung! Spüren Sie, wie sie Kraft gibt? Und weder Sie noch ich wären auf diese schöne Einstellung gekommen. Das konnte nur Andrea. Weil nur sie sich gut genug dafür kennt. Wer kennt Sie am besten? Richtig: Sie selbst. Also fragen Sie diese kluge Frau doch einfach.

Der schönste Schmuck einer Frau

Das Maßgeschneiderte von Einstellungen beeindruckt viele Frauen. Eine Coachee sagte mir mal: »Eine gute Einstellung ist wie Unikat-Schmuck – gibt es so nicht mehr auf der Welt. Er ist der einzige seiner Art. Unvergleichlich.« Und das macht Sie unvergleichlich! Ich wage mal die Hypothese:

Je mehr handgefertigte Einstellungen eine Frau besitzt, desto schöner wird sie, desto weniger äußere Krücken wie Schmuck, Kleidung oder Statussymbole benötigt sie. Obwohl ich nichts gegen eine schöne Halskette habe ...

Das ist ein komplett neues Verständnis von Schönheit? Ja. Auch ich lege Wert auf ein gepflegtes Äußeres. Aber je mehr ich an meinen Einstellungen arbeite, desto deutlicher wird mir, was die Philosophen und Dichter der Jahrhunderte unter »wahrer« oder »innerer Schönheit« verstanden. Eine unvergleichliche Schönheit. Eine Schönheit, die nie verblasst. Im Gegenteil: Sie wächst mit dem Alter. Sofern das Alter nicht als panisch-nutzlose Flucht vor Fältchen verstanden wird, sondern als Chance zum inneren Wachstum. Das ist wahre Schönheitspflege!

Wie pflegen Sie Ihre innere Schönheit? Und wie oft? Mindestens so oft wie Ihre äußere? Warum (nicht)?

Einstellungen bestimmen über unsere Schönheit. Sie bringen Zufriedenheit, Ansehen, Erfolg und Glück – oder Unzufriedenheit, Missgunst und Misserfolg. Je nachdem, welche Einstellung Sie wählen.

Welche Einstellung wählst du?

Seit 40 000 Jahren strebt der Mensch nach Glück, Zufriedenheit, Ansehen und Erfolg. Deshalb sind diese schönen Dinge sehr gut erforscht. Wie inzwischen jede(r) weiß:

Es gibt einen direkten und starken Zusammenhang zwischen Einstellungen und Glück, Zufriedenheit, Ansehen und Erfolg.

Was das Leben Ihnen schenkt, hängt stärker von Ihren Einstellungen ab als von Ihrem Aussehen, Ihren Genen, Ihrer Intelligenz, Fachkompetenz, Gesundheit, Ihrem Partner oder Vermögen. Die Wissenschaft weiß heute auch, welche Einstellungen den Unterschied zwischen Erfolg und Misserfolg ausmachen.

Um die Erforschung dieses entscheidenden Unterschieds verdient gemacht hat sich Dr. Martin Seligman. Er fand heraus, dass Menschen, die bekommen, was sie wollen, zunächst eine andere Einstellung zur Dauer von Ereignissen haben. Sie halten Erfolge für dauerhaft: »Das mache ich jetzt immer so!« Vom Leben enttäuschte Menschen dagegen halten Erfolge für vorübergehend: »Morgen kann das schon ganz anders sein!« Spiegelbildlich verhält sich das für Misserfolge. Die Optimistin – so nennt Seligman Frauen mit konstruktiven Einstellungen (Attributionen) – denkt dabei: »Bloß ein Fehlgriff!« Die Pessimistin dagegen pflegt die Einstellung: »Das ging ja schon wieder daneben!«

Coach yourself

Schauen Sie sich die Einstellungen von Pessimistinnen und Optimistinnen an. Wohin tendieren Sie? Wann? Wo? Wie kommen Sie vom Pessimismus zum Optimismus? Benutzen Sie dafür die schrittweise Veränderung Ihrer hinderlichen Einstellungen wie oben beschrieben (s. Seite 22 »Mach deine Einstellungen fit!«).

Pessimistinnen globalisieren

Auch die Auswirkungen von Ereignissen schätzen Frauen ganz unterschiedlich ein. Die Optimistin hält Rückschläge für eher geringfügig: »Das ist doch keine große Sache!« Die Pessimistin dagegen dramatisiert: »Dachte ich's mir doch – das funktioniert nicht!« Dasselbe passiert mit Erfolgen. Die Optimistin übertreibt Erfolge gern: »Das ist ja absolut fantastisch!« Richtig erkannt: Auch Männer machen das mit Vorliebe – aus jeder Mücke einen Elefanten – wenn es ein Erfolg ist. Deshalb sind sie so gut im

Selbstmarketing. Denn die meisten Frauen sind diesbezüglich Pessimistinnen, weil sie die Einstellung pflegen: »Ach, so besonders war das jetzt doch nicht!« Damit behindert frau sich massiv selbst – ohne dass die »bösen Männer« irgendetwas dafür tun müssten.

Optimistinnen überschätzen ihren Einfluss

Eine dritte Klasse Einstellungen bezieht sich auf die Einschätzung des eigenen Einflusses. Optimistinnen überschätzen ihren Einfluss eher: »Das schaffe ich doch!« Pessimistinnen sind da, tja, eher pessimistisch: »Kann ich das überhaupt?«

Kommt Ihnen alles sehr bekannt vor? Ja, natürlich *kennen* wir alle diese de- und konstruktiven Einstellungen! Aber wir *machen* zu wenig daraus! Deshalb werde ich Ihnen gleich noch einige weitere zentrale und durchaus bekannte Einstellungen aufzeigen. Wenn Sie Ihr Leben zum Besseren ändern wollen, dann versuchen Sie ernsthaft, behutsam und schrittweise, von der jeweiligen Abwärts-Einstellung zur entsprechenden Aufwärts-Einstellung zu kommen. Das ist der kleine Unterschied, der den großen Unterschied macht: Sie ändern »bloß« Ihre Gedanken – und Ihr ganzes Leben ändert sich.

Fünf Aufwärts-Einstellungen

Betrachten wir die Transformation von Einstellungen anschaulich anhand zweier Schwestern, Anna und Lena. Beide sind attraktiv, sympathisch, im Beruf erfolgreich, haben Familie. Beide möchten für den 70. Geburtstag von Papa in ein tolles Kleid passen. Anna sagt: »Wenn mein Männe im Haushalt auch mal anpacken würde, könnte ich abends öfters joggen gehen und die fünf Kilo abnehmen!«

Aufwärts-Einstellung: Eigenverantwortung. »Ich kann! Ich will! Ich werde! Was ist mein Einfluss? Was ist mein Problemanteil? Was kann ich zur Lösung beitragen?«
Abwärts-Einstellung: Entantwortung. »Kann ich doch nichts dafür! Das müssen andere machen! Warum sehen die das nicht?«

Folgerichtig sagt sich Lena: »Wie kriege ich meinen Männe dazu, dass er etwas mehr Hausarbeit übernimmt, damit ich dreimal die Woche abends eine Stunde zum Sport komme?« Raten Sie mal, wer zu Papas rundem Geburtstag in das tolle Kleid passte.

Zwei Schwestern, zwei Einstellungen

Begleiten wir beide Schwestern weiter. Da sie Schwestern sind, fassen sie ziemlich oft dieselben Entschlüsse. So wollten zum Beispiel beide auch nach dem großen Familienfest etwas für Figur und Fitness tun. Mit unterschiedlichem Erfolg. Lena kam in den ersten fünf Wochen nach dem Freudentag viel öfter dazu als Anna. Warum?

Anna denkt sich: »Schon wieder nicht zum ... (Joggen, Aufräumen, Diät halten ...) gekommen. Ich schaffe das einfach nicht! Also kann ich es auch gleich bleiben lassen!« Lena dagegen sagt: »Heute Abend reicht es nicht zum Joggen. Was kann ich stattdessen machen? Im Büro zehnmal die Treppe nehmen statt des Lifts? Oder einfach morgen wieder einsteigen und ein bisschen länger laufen?« Anna und Lena haben beide fast identische Wünsche. Doch viele von Annas Einstellungen sind rigide:

Abwärts-Einstellung: Rigidität, Perfektionismus. »Entweder schwarz oder weiß, null oder hundert. Wenn es nicht 100 Prozent sind, ist es nichts! Schon ein Fehler bedeutet totales Versagen.«
Aufwärts-Einstellung: Flexibilität. »Wenn es auf diese Weise nicht klappt, dann klappt es eben auf andere Weise. Und 80 Prozent sind besser als nichts! Zehn mal zehn Prozent hintereinander ergeben auch 100 Prozent.«

Dann trifft es die Schwestern hart: Anna wird von ihrem Mann verlassen, Lena wird gekündigt.

Abwärts-Einstellung: Realitätsabwehr. »Das darf doch nicht wahr sein! Wie können Menschen so ... sein? Ich verstehe die Welt nicht mehr!«
Aufwärts-Einstellung: Realismus. »Es ist, wie es ist. Man muss die Dinge nehmen, wie sie sind – aber nicht so lassen!«

Ist es Ihnen aufgefallen? Viele Aufwärts-Einstellungen animieren zum Handeln, während die meisten Abwärts-Einstellungen zu opferhafter Passivität verdammen. Logisch, dass die Aufwärts-

Einstellungen Sie zur Erfüllung Ihrer Wünsche tragen: Wer macht, wird belohnt. Wer nur dasitzt und auf den Ritter wartet, wartet oft bis zum Schwarzwerden.

Abwärts-Einstellung: Dramatisierung. »Das halte ich nicht aus! Immer ich! Warum passiert immer ausgerechnet mir so was? Ende, aus, alles kaputt!«
Aufwärts-Einstellung: Frustrationstoleranz. »Das ist ein Rückschlag/Fehler, aber keine Katastrophe! Das steck ich doch weg!«

Und noch eine ganz wichtige Unterscheidung:

Abwärts-Einstellung: Selbstkritik. »Das ist nicht gut genug! Du machst das nicht richtig. Du lernst das nie!«
Aufwärts-Einstellung: Selbstempathie. »Sei geduldig mit dir. Was hast du dabei gelernt? Mach es beim nächsten Mal einfach besser.«

Haben Sie gemerkt, wie der Hase läuft? Dann können wir die weiteren Einstellungen in kurzer, übersichtlicher Form wiedergeben.

Abwärts-Einstellung	Aufwärts-Einstellung
»Was sollen die von mir denken? Immer denkst du nur an dich!«	»Meine Bedürfnisse sind genauso wichtig wie die anderer.«
»Bestimmt hat da jemand was dagegen.«	»Ich stehe zu meinen Wünschen. Ich stehe für mich ein. Wenn nicht ich, wer dann?«
»Das nehme ich mir vor, wenn ich mal mehr Zeit habe.«	»Es muss nicht perfekt sein! Mach erst mal so viel, wie du in der kurzen Zeit schaffst.«
»Immer muss ich alles machen!«	»Wer könnte mir helfen?«
»Die helfen mir sicher nicht!«	»Fragen kostet nichts.«
»Aber wenn die Nein sagen?«	»Ich bin nicht mehr fünf Jahre alt. Mit Ablehnung kann ich umgehen.«

Abwärts-Einstellung	Aufwärts-Einstellung
»Aber wenn die mir kündigen!«	»Mit meiner Qualifikation und Erfahrung bekomme ich einen anderen Job. Am besten ich schaue mich jetzt schon mal nebenher um.«
»Sei doch nicht immer so ... (niedergeschlagen, frustriert, zornig ...)!«	»Ich habe ein Recht darauf, alle meine Gefühle zu spüren.«
»Das ging zu leicht! Das kann nicht richtig sein! Ich muss mich mehr anstrengen!«	»Es kommt aufs Ergebnis an und nicht darauf, dass ich nach einer Arbeit fix und fertig bin.«
»Das schaffe ich nur, wenn ich fünf Dinge gleichzeitig mache!«	»Ich setze Prioritäten und arbeite eine nach der anderen ab.«
»Aber er/sie sagt ...!«	»Was ist meine Meinung dazu?«
»Ich kann ohne dich nicht leben!«	»Wie? Ich sterbe dann? Wieso das denn?«
»Och, der/die Arme. Komm gib her, das erledige ich für dich.«	»Du hilfst gern Menschen? Dann denk auch mal an dich. Du bist nämlich auch einer.«
»Der/die hat was gegen mich!«	»Der/die hat einen schlechten Tag. Wenn er/sie was gegen mich hat, dann sagt er/sie das – oder ich finde das heraus.«
»Die ist immer so gemein zu mir!«	»Was hat die für ein Problem? Egal, es ist ihres, nicht meines.«
»Das schaffe ich nie! Das habe ich schon mal probiert und es hat nicht funktioniert.«	»Dieses Mal bleibe ich so lange dran, bis es klappt. Beharrlichkeit ist die Mutter des Erfolgs.«
»Das klappt nie!«	»Wo hat es schon mal ein kleines bisschen geklappt? Wie kann ich dieses bisschen größer machen?«

Was denkst du gerade?

Inzwischen haben Sie das Muster wahrscheinlich verinnerlicht: Das Leben ist eine Tabelle. Entweder wir bleiben in der linken Spalte stecken und machen uns das Leben unnötig schwer (und schieben es auf die anderen) oder wir schaffen den Sprung von links nach rechts. Je öfter Sie diese Transformation in kleinen Schritten machen (s. Seite 22 »Mach deine Einstellungen fit!«), desto schneller gelingt Ihnen das tatsächlich bald in einem großen, freudigen Sprung: von links nach rechts, von hinderlich zu förderlich, von destruktiv zu konstruktiv, von passiv zu aktiv, von leidendem Opfer zu aktiver Gestalterin des eigenen Lebens. Es wird Ihnen einiges abverlangen – wenn Sie es richtig machen.

Negativeinstellungen nutzen, deshalb kleben sie

Wenn wir im Seminar diese Tabelle (s. Seite 28/29) geistig durchgehen, bin ich manchmal schockiert, wie sehr Frauen mit Zähnen und Klauen ihr Negativdenken verteidigen: »Aber der hat wirklich was gegen mich! Das weiß ich! Und Susanne sagt das auch!« Die Springreiterin würde sagen: Pferd verweigert Sprung. Dieses Rechthabenwollen um jeden Preis beim Schwarzsehen hat einen Hintergrund: Jede geistig normale Frau verteidigt ihre Fußfesseln. Weil sie ihr nutzen.

Fußfesseln fesseln, machen passiv und Passivität ist sehr angenehm. Eine Bereichsleiterin eines Schweizer Konzerns, eine gestandene Frau, drückte das mal drastisch aus: »Selbst wenn meine Mitarbeiter bis zum Hals in der Sch... stecken, bewegen die sich nicht! Denn in der Sch... ist es schön warm und gemütlich.« Anrüchiges Bild, aber zutreffend.

Was hält Sie in Abwärts-Einstellungen fest? Was haben Sie davon? Bitte nicht verurteilen! Im Gegenteil: Würdigen Sie diesen sogenannten Sekundärnutzen. Denn er ist ein Nutzen.

Lösen Sie sich von gewohnten Denkmustern!

Und dann fragen Sie sich: Brauche ich das heute noch? Denn viele Abwärts-Einstellungen haben wir unbewusst aus der Kindheit übernommen und nie verwandelt, obwohl wir ihren Sekundärnutzen längst nicht mehr brauchen. Selbst wenn Sie ihn noch brauchen, können Sie sich fragen: Wie kann ich diesen Nutzen auf andere Art und Weise erreichen? Auf eine, die mich nicht so sehr behindert?

Kleinigkeiten bewirken große Veränderungen

Anna zum Beispiel hat sich nach ihrer Scheidung über ein Jahr geweigert, auf Männerjagd zu gehen: »Ich bin zu alt für so was.« Das war ihre Einstellung. Sie ist 34. Lena sagte irgendwann zu ihr: »Lass mich raten: Diese bescheuerte Einstellung schützt dich vor Zurückweisung beim Dating.« Anna schluckte und nickte stumm. Und weil sie damals schon eine Weile mit Einstellungen arbeitete, sagte sie darauf selbst: »Ich kann mich auch davor schützen, dass mir eine Zurückweisung zu sehr wehtut, wenn du mir versprichst, dass wir nach einem schiefgelaufenen Date zusammen fürchterlich über den Typ ablästern!« Lena grinste und sagte: »Au, Klasse! Wie damals, als wir 15 waren! Super! Wann hast du dein erstes Date? Ich kann es kaum erwarten.« Seit Anna für ihren Sekundärnutzen »Schutz vor Herzschmerz« nicht mehr die totale Abstinenz braucht, verabredet sie sich, als ob morgen die Kerle ausgingen.

Vom verzweifelten Scheidungsopfer zur Dating-Amazone. Und nichts hat sich geändert. Weder die Männer noch die Welt. Nicht mal Anna. Nur eine kleine Einstellung in Annas Kopf. So mächtig sind Einstellungen.

Nutzen Sie diese Kraft!

2 Sei so klar!

»Ein einziger klarer Gedanke kann die Welt bewegen.«
LAOTSE

Was wünschst du dir vom Leben?

Eine tolle Figur, einen besseren Job, mehr Gehalt, nettere KollegInnen, einen besseren Partner, ein größeres Haus, nettere Kinder ...?

Coach yourself

Notieren Sie drei noch (teilweise) unerfüllte Wünsche:

1) ____________________

2) ____________________

3) ____________________

Was empfinden Sie beim Anblick dieser kleinen Liste? Frust? Vorwürfe? Das ist lustig. Denn eigentlich könnten und sollten Sie stolz auf sich sein: Sie sind hier! Das bedeutet einiges.

Eigenlob stimmt

Es bedeutet zum Beispiel, dass Sie nicht wie Millionen Menschen still resigniert haben, sondern zu Ihren Wünschen und Träumen stehen. Das spricht für ein starkes Selbstwertgefühl. Es bedeutet außerdem, dass Sie die Schuld für die noch nicht erfüllten Wünsche nicht auf »die anderen« oder die Umstände schieben, sondern selbst etwas für deren Erfüllung tun möchten – sonst würden Sie kein Buch über Selbstcoaching lesen. Sie erweisen sich also bereits nach 18 Zeilen in diesem Kapitel als überdurchschnittlich selbstbewusst, eigenständig und aktiv. Ich wollte das nur mal gesagt haben. Nicht unbedingt, weil ich Ihnen ein Kompliment machen möchte. Sondern vor allem, weil es stimmt. Aber noch viel mehr: weil es nötig und gesund ist. Viel gesünder als fünf Portionen Obst am Tag:

Sie haben eben zwei Stärken gezeigt. Ich habe Sie darauf aufmerksam gemacht. Das war Coaching. Bitte versprechen Sie mir und sich: Sie werden das künftig selbst für sich tun! Sie werden sich loben, wann immer Sie eine Stärke an sich entdecken und wann immer Sie etwas gut machen. Das ist Selbstcoaching. Und nein: Eigenlob stinkt nicht. Richtig heißt es: Eigenlob stimmt.

Schuld haben immer die anderen

Zurück zu Ihren Wünschen: Warum sind sie noch nicht wahr geworden? Die häufigsten Antworten darauf lauten in Stichworten: »keine Zeit«, »ungünstige Umstände«, »Ich wollte ja schon, aber ... (Partner, Kinder, Staat, Gott ...) machen nicht mit!«. Erkennen Sie das? Gut, dass wir mit Kapitel 1 angefangen haben: Dahinter steht Blaming (englisch: die Schuld auf andere(s) schieben). Das ist die Einstellung: Ich kann ja nichts dafür, denn ich bin perfekt – aber alle anderen sind es nicht! Wer mit dieser Selbstsabotage-Einstellung im Kopf durchs Leben geht, wird sich viele Wünsche versagen müssen. Denn diejenige verleugnet das Gesetz des Handelns:

Selbst wenn 90 Prozent Ihrer Wünsche von anderen, den Umständen und der bösen Welt abhängig wären (was für keinen realistischen Wunsch der Fall ist), bleiben immer noch zehn Prozent, die Sie selbst gestalten könn(t)en.

Aber das tun Sie doch? Sie mühen sich redlich ab, strengen sich an, hängen sich rein und kommen trotzdem auf keinen grünen Zweig? Dann machen Sie wohl etwas falsch. Falsch? Nein: ohne Klarheit.

Die innere Auftragsklärung

Neulich im Coaching regte sich eine Managerin fürchterlich auf. Sie war befördert worden, hatte geschickt verhandelt, verdiente jetzt rund 1000 Euro mehr im Monat und tobte: »Davon gehen über 60 Prozent an Steuern und Abgaben weg! Das ist Raub!«

Etwas pikiert dachte ich: »Über dein Gehalt möchte ich mich auch mal aufregen dürfen!« Vielleicht hat sie es mir an der Nasenspitze angesehen. Denn sie schob nach: »Na ja, es hat mich ja keiner gezwungen, die 1000 Euro zu nehmen.« Da saßen wir beiden Hübschen, schauten uns an und hatten das Gefühl: »Was soll der Aufstand? Worüber beklagst du dich? Was willst du eigentlich von deinem Beruf?«

Was wollen Sie eigentlich?

Ich sagte: »Wenn Sie geschickt heiraten, zahlen Sie mit Ehegatten-Splitting weniger. Oder Sie könnten nach Litauen auswandern. Soviel ich weiß, zahlt man da lediglich 25 Prozent pauschal.« Sie kniff die Augen zusammen und meinte: »Sie wollen mir damit sagen, dass es nicht die 1000 Euro sind, über die ich mich aufrege. Sondern eher darüber, dass ich nicht weiß, was ich will.« Gut erkannt. Wenn Ihre Wünsche nicht so schnell und umfänglich wahr werden, wie Sie sich das wünschen, sollten Sie nicht schimpfen oder jammern, sondern erst mal für die nötige Klarheit sorgen:

Wie kann das Leben Ihnen geben, was Sie sich wünschen, wenn Sie es nicht mal selbst genau wissen?

Die meisten Menschen wissen ganz genau, was sie *nicht* wollen. Was sie wollen, ist ihnen, ihrer Umwelt und dem Universum weit weniger klar. Daran ändern auch die in Ratgebern viel beschworenen Ziele nichts wesentlich. Svenja zum Beispiel hat einen wunderhübschen kleinen Laden. Aber wenn sie im nächsten Quartal nicht 20 Prozent mehr Umsatz macht, kann sie ihn dichtmachen. 20 Prozent sind ein strammes, klares und für einen neuen Laden im Aufbau durchaus realistisches Ziel. Wir können das auch mit Abnehmen durchdeklinieren: fünf Kilo weniger. Tolles Ziel. Und nun? Was passiert? Erst mal gar nichts. Denn woher sollen die 20 Prozent kommen und wohin die fünf Kilo gehen? Aus diesem Grund fühlen sich viele Menschen unwohl mit Zielen, manche hassen sie nachgerade: Ziele machen Druck. Das liegt nicht an den Zielen. Das liegt daran, dass den Zielen etwas fehlt:

20 Prozent mehr Umsatz, aber wie?

Ziele ohne Auftrag sind nutzlos!

Svenja zum Beispiel gibt sich den Auftrag: »Ich telefoniere ab sofort jeden Tag mit mindestens fünf meiner besten Kunden und biete ihnen unsere neuen Produkte an.« Was geht dabei in Svenja vor? Ziel- und Erfolgsdruck lassen sofort nach und sie greift entschlossen zum Telefon. Dito Abnehmen: »Ich radle jeden Abend 20 Kilometer.« Das ist ein klarer Auftrag. Die fünf Kilo, die ich abnehmen will, drücken mich damit schon viel weniger.

Coach yourself

Denken Sie an einen Ihrer zu Beginn dieses Kapitels notierten Wünsche. Wählen Sie für den Anfang den leichtesten. Fragen Sie sich: Was ist für diesen Wunsch meine Aufgabe? Wenn Ihnen mehrere Aufgaben einfallen: umso besser! Ordnen Sie sie: die leichten zuerst.

Ziel ist gut, Auftrag ist besser

Die zentralen Fragen bei der internen Auftragsklärung sind:

- Was kann ich tun?
- Was möchte ich tun?
- Was werde ich tun?

Wenn Sie scharf mitgedacht haben, erkennen Sie hinter den Fragen zwei zentrale Aufwärts-Einstellungen (s. Kapitel 1): Ich schiebe nicht immer alles auf die anderen, sondern übernehme Eigenverantwortung für die Dinge, die ich beeinflussen kann. Und: Ich handle, indem ich mir einen Auftrag gebe! Alles wird leichter, einfacher, schneller mit einem klaren Auftrag. Das Problem ist lediglich: Das Leben hat etwas dagegen.

Das Leben klären

Nichts wirklich Wichtiges im Leben ist klar. Es ist vielmehr komplex. Ich vergleiche das Leben gern mit einem Garten, den man zusammen mit einem neuen Haus erwirbt. Der Garten ist riesig, doch völlig verwildert. Ich will aber einen schönen Garten! Das ist mein Wunsch. Damit er Wirklichkeit wird, muss ich mir einen Auftrag geben. Ich kläre diesen Auftrag, indem ich mir Fragen stelle: Wie lege ich meinen Garten an? Bäume oder Gemüse? Oder lieber Blumen und Rasen? Teich, Heckenlabyrinth? Und schon haben wir den Salat.

So wie mit dem Garten ist das mit dem ganzen Leben, mit sämtlichen komplexen, nicht linearen, nicht trivialen Problemen, Wünschen, Aufgaben, Herausforderungen und Zielen: Es ist alles so komplex und unklar! Sogar im Supermarkt! Bitte nicht lachen: Das passierte mir tatsächlich. Ich stand vor einiger Zeit wie versteinert vor dem Supermarktregal. Ich wollte eine Marmelade. Eine! Die gute Frau Edeka aber offerierte mir gefühlte 75 zur Auswahl. Ich hatte nur ein Ziel: Marmelade zum Frühstück. Doch das Ziel war unerreichbar. Ich konnte mich einfach nicht entscheiden. Dann erinnerte ich mich an die Auftragsklärung:

Wer die Wahl hat, die hat die Qual

Unklar? Konfus? Hin- und hergerissen? Betreiben Sie Auftragsklärung: Konkretisieren Sie! Spezifizieren Sie! Differenzieren Sie! Grenzen Sie ein!

Also sagte ich mir: »Eine Marmelade? Viel zu unklar. Was genau willst du? Welche Eigenschaften soll die Marmelade haben?« Das wusste ich sofort: mit viel Frucht- und möglichst wenig Zuckeranteil! Das schränkte das Angebot schon um die Hälfte ein. Dann fiel mir ein: möglichst aus regionalem Anbau! Zehn Produkte blieben übrig. Die Aufgabe war lösbar geworden. Weil ich sie geklärt und mir einen klaren Auftrag gegeben hatte.

Wann immer Sie in Ihrem Leben in eine Situation geraten, in der Sie sich verunsichert, konfus, unentschlossen, desorientiert, gelähmt, antriebslos oder unzufrieden fühlen: Sie können das auf die Situation und »die anderen« schieben. Oder – und das ist reine Einstellungssache (s. Kapitel 1) – Sie können sich folgende Frage stellen:

Die Welt ist unklar. Klären Sie sie!

Die Frage fürs Leben: Habe ich einen klaren Auftrag?

Haben Sie?

Was ist dein Auftrag?

Manche Leserin wird protestieren: »Aber wo bleibt denn die Spontaneität, wenn man nur noch nach Auftrag lebt?« Wer hat denn etwas von »nur noch« gesagt? Leben Sie Ihr Leben, wie Sie wollen! Spontan, flexibel, variabel, offen.

Klarer Auftrag, gute Arbeit

Aber wenn es darauf ankommt, wenn es schwierig oder kompliziert wird oder Sie schneller das bekommen wollen, was Sie sich wünschen – dann und immer dann bringt ein klarer innerer Auftrag Sie weiter –, ohne übrigens Ihre Flexibilität zu beschneiden. Denn wenn Sie dem Auftrag folgen und Erfolg haben, erhöht sich dadurch die Bandbreite Ihrer Möglichkeiten, richtig? Also kehren wir in unseren Garten zurück.

Nehmen wir an, Sie haben sich für Rasen, Sträucher und Blumen entschieden. Der Garten ist zusammengerechnet ein Fußballfeld groß. Au weia! Der wird ja nie fertig! Tatsächlich ist das die erste Reaktion bei großen Aufgaben: Pffft! Wir verlieren die Zuversicht.

Wenn eine Situation Sie mutlos macht, liegt das nicht an der Situation, sondern an der Auftragserteilung: Sie ist zu groß!

Schritt für Schritt ans Ziel kommen

Das Rezept dagegen: Zerlegen Sie den ursprünglichen Auftrag in viele kleine Teilaufgaben. Dieses Rezept haben Sie schon hundertmal gehört, gelesen oder sich selbst vorgenommen! Warum machen Sie es dann immer noch nicht in ausreichendem Maße? Weil in unserem Kopf eine kleine Stimme sagt: »Erst mal nur ein paar Sträucher pflanzen? Aber das reicht doch nicht! So wirst du nie fertig!« Was ist das? Was raten Sie?

Richtig, das ist die Perfektionistin, die aus uns spricht. Sehen Sie, wie die einzelnen Tools des Selbstcoachings ineinandergreifen? Perfektionismus ist auch »nur« eine Einstellung. Und Einstellungen können Sie ändern (s. Kapitel 1). Auch für die Auftragsklärung benötigen wir die richtige Einstellung. Das wird besonders deutlich beim nächsten Schritt der Auftragsklärung: Struktur.

Die Struktur der Welt

Alles Gute, Schöne und Wahre auf der Welt hat eine Struktur. Die Struktur allen Lebens, die DNS, ist sowohl in konstruktiver als auch ästhetischer Hinsicht von geradezu atemberaubender Schönheit. Betrachten Sie eine Schneeflocke unter der Lupe oder ein Ährenfeld im Sommerwind: Struktur ist Ästhetik – und offensichtlich beliebtestes Organisationsprinzip von Mutter Natur. Daher:

Sie kommen mit einer Aufgabe nicht so recht voran? Bringen Sie Struktur in Ihren Auftrag!

Einfaches Beispiel: Keller aufräumen. Die meisten von uns verzweifeln daran. Jene wenigen, die auch diese Aufgabe anscheinend mit links erledigen, sagen sich Dinge wie: »Ich mach' einfach von links nach rechts (von vorn nach hinten, jeden Tag ein kleines Stück, erst mal alle kleinen Kisten, ...).« Das ist Strukturierung. Deshalb klappt's auch. Warum ist Struktur so nützlich und wichtig?

Struktur reduziert Komplexität

Weil Struktur Komplexität reduziert und die moderne Welt dadurch erst zu bewältigen ist. Jetzt schrecken bestimmt die Freigeister auf: Struktur! Huch! Das klingt nach Eingrenzung und Korsett. Das meine ich damit nicht. Ich meine die natürliche Struktur: Jede Gartenbesitzerin muss vor dem Säen den Boden umgraben und nach dem Säen gießen. Wer diese naturgegebene Struktur der Arbeitsprozesse missachtet, bleibt auf Brachland sitzen. Wer nur den ganzen unaufgeräumten Speicher sieht, bringt nie Ordnung ins Chaos. Aber wer eine vernünftige und verträgliche Struktur reinbringt und erst mal die kleinen Kisten aufräumt, behält den Überblick und kommt so allmählich zum Ziel.

Verfolgen Sie immer beides: Struktur und Flexibilität. Wählen Sie die für Sie beste Struktur! Jene, die Ihnen genug Freiraum gibt und gleichzeitig das Chaos der Welt ordnet.

Das kommt Ihnen bekannt und gleichzeitig fremd vor? Das ist es – beides. Sie haben sicher schon oft gelesen oder gehört, dass man Aufträge strukturieren, große Ziele in kleine herunterbrechen soll. Das wissen heutzutage schon 14-Jährige, das lernt man inzwischen sogar schon an der Schule, die damit lediglich 50 Jahre hinter der Ratgeberliteratur herhinkt. Aber um es in Anlehnung an die alten Lateiner zu formulieren: Nicht von der Schule, sondern vom Leben lernen wir – und die Schule. Deshalb kommt der Struktur-Tipp Ihnen bekannt vor. Gleichzeitig setzen Sie ihn, wenn Sie ehrlich sind, nicht wirklich umfassend ein. Eben weil das zweite Element fehlt. Flexibilität? Nein: Verhandlung.

Verhandle – mit dir!

»Zerlegen Sie große Aufgaben in kleine!« Wie gesagt: Das haben Sie schon oft gehört. Als ob damit etwas gewonnen wäre! Macht frau das tatsächlich mal, geht es ihr oft wie Goethes Faust: Sie ist hinterher so klug als wie zuvor. Im Coaching erlebe ich das immer wieder: »Jetzt habe ich die große Aufgabe in viele kleine zerlegt und bin immer noch so wenig motiviert wie zuvor!« Das ist eher die Regel als die Ausnahme. Warum? Weil vergessen wurde zu verhandeln: Welche Struktur ist Ihnen genehm? Welche passt (zu) Ihnen?

Welche Struktur passt zu Ihnen?

Wenn zehn Coachees eine Liste von zehn Teilaufgaben vor sich haben, dann sagt eine: »Ich fange bei den kleinsten an, um mich warmzulaufen!« Die andere sagt: »Ich beginne bei den schwersten – was weg ist, ist weg!« Eine dritte sagt: »Ich beginne mit dem, was ich jeweils in einer halben Stunde schaffen kann, weil ich selten mehr Zeit habe.« Und alle drei machen es dann tatsächlich auch. Warum? Weil sie nicht irgendeine x-beliebige Struktur genommen haben, die ihnen irgendein Buch vorschlägt, sondern weil sie so lange mit sich selbst verhandelt haben, bis sie eine Struktur gewonnen haben, die ihnen voll und ganz entspricht. Was ist das Ziel solcher Verhandlungen mit sich selbst?

Machen Sie nicht, was man eben machen muss. Geben Sie sich nicht den nötigen Auftrag. Folgen Sie keinen Rezepten. Verhandeln Sie vielmehr so lange mit sich selbst, bis das Rezept, die Struktur und der Auftrag zu Ihnen passen.

Das ist der große Unterschied zwischen Ratgeberbüchern und Selbstcoaching. Der Ratgeber sagt: »Gib deinem Auftrag eine Struktur!« Das Selbstcoaching dagegen ermittelt genau jene Struktur, die zu Ihnen passt. Das kann kein Buch. Das können nur Sie. Deshalb ist Selbstcoaching so wirkungsvoll, wenn Sie es mal beherrschen: Sie erreichen eine perfekte Passung zwischen den Anforderungen der Welt und Ihren eigenen Kompetenzen, Fähigkeiten und Interessen. Diese Passung, dieser Perfect Fit macht erfolgreich – und glücklich. Klar: Wenn es passt, ist frau glücklich.

Den Perfect Fit finden

Aus diesem Grund scheitern auch die meisten guten Vorsätze zu Neujahr: Sie sind sinnvoll, manchmal nötig, oft dringend. Aber sie sind nicht attraktiv. Sie entsprechen Ihnen nicht. Deshalb haben wir Kapitel 1 vor Kapitel 2 gelesen:

Bringen Sie Ihren Auftrag in Einklang mit Ihren Einstellungen!

Manchmal auch andersherum: Manchmal muss frau auch eine Einstellung ändern, um einen Auftrag zu erfüllen. Das ist ein schönes Wechselspiel. Mal ändert sich das eine, mal das andere. Ein guter Auftrag ist also einer, der ganz zu Ihnen und Ihren Einstellungen passt. Ein Auftrag, den Sie so lange mithilfe Ihrer inneren Verhandlung verändert, restrukturiert und reformuliert haben, bis Sie ihn attraktiv finden. Jede gute Köchin oder Modeschöpferin macht das so: Das Gericht oder das Kleid wird so lange verändert, bis es hundertprozentig passt. Besonders erfolgreiche Frauen machen das intuitiv. Sie passen die Aufgabenstruktur ihrer Motivstruktur an. Viele andere dagegen machen das gar nicht: Sie stülpen sich stattdessen eine Struktur über, die nicht passt. Die Struktur passt zur Aufgabe, aber nicht zu ihnen. Kein Wunder, dass sie die Aufgabe dann mit viel Überwindung, Frust und Missmut erfüllen – auf Deutsch: mit Disziplin.

Disziplin ist ein schwacher Ersatz für einen attraktiven Auftrag.

Für einen attraktiven Auftrag braucht frau keine Disziplin – er ist attraktiv genug.

Coach yourself

Denken Sie an einen Ihrer eingangs dieses Kapitels gelisteten Wünsche. Fragen Sie sich: »Was ist hier mein Auftrag? Und wie könnte ich diesen Auftrag für mich ein wenig attraktiver formulieren? Mit welchen meiner Interessen sollte ich verhandeln?«

Sie kommen bei dieser Übung nicht recht voran? Das ist prima. Dann sind Sie auf etwas Wertvolles gestoßen: Ihre inneren Einwände.

Die inneren Abers

Wir alle wissen nur zu gut, was wir tun müssten, um schlank, attraktiv, sympathisch und erfolgreich zu sein. Wir tun es nur so selten. Warum? Die häufigsten Antworten darauf sind: »Mangelnde Disziplin!«, »Keine Zeit!«, »Ich würde ja schon gern, aber man lässt mich ja nicht!«. Nehmen wir zum Beispiel Cecilia. Sie weiß, dass sie mit ihrem Vorgesetzten dringend über eine Personalaufstockung der Abteilung sprechen muss. Das hat sie sich als inneren Auftrag gegeben. Kein besonders attraktiver Auftrag: »Der Boss wird meine Bitte rundheraus abschmettern! Macht er doch immer!« Was raten Sie Cecilia?

»Nun reiß dich mal zusammen!«, ist ein häufiger Rat. Also: Disziplin! Das funktioniert wie der Besuch im Fitnessstudio: die ersten paar Wochen eben. Danach erlischt jede Disziplin. Cecilia ist schon fünf Jahre bei der Firma und hat alle Disziplin aufgebraucht: »Ich bin das blöde Spiel schon lange leid. Ich habe nicht mehr die Kraft dafür.« Wofür genau? Diese Frage bringt Cecilia weiter:

Ein Auftrag ist nicht attraktiv genug? Ergründen Sie Ihren inneren Einwand.

Disziplin ist kein Allheilmittel

Wir erleben uns oft unentschlossen und mit zu wenig »Biss«. Dann geben wir uns »einen Ruck« oder mahnen uns zur Disziplin.

Das kostet mit den Jahren unendlich viel Kraft. Bei der Kindererziehung hält man das nicht bis zur Volljährigkeit durch. Die meisten Frauen geben schon auf, bevor das Kleine in der Schule ist. Und machen sich Vorwürfe. Dabei hat nicht mal die stärkste Amazone so viel Kraft! Anstatt wie ein hirnloser Muskelprotz auf reine Kraft zu setzen, sollten wir lieber nachschauen, was uns denn so viel Kraft kostet. Kleiner Tipp: Es ist nicht die Aufgabe.

Es ist das oft jahrelange Anrennen gegen die inneren Einwände. Was ist Cecilias innerer Einwand? Der ist eigentlich offensichtlich. Wenn Sie nicht darauf kommen, ist das aber ganz normal: Wir sind erschreckend untrainiert darin, eigene oder fremde, nicht explizit ausgesprochene Einwände zu erkennen, wenn man sie uns nicht gerade auf dem Silbertablett präsentiert. Auch Cecilia muss ihre Abneigung gegen das Gespräch mit dem Vorgesetzten erst einmal ergründen:

Ergründen Sie unattraktive Aufträge. Fragen Sie sich: »Was stinkt mir daran?«

Bei dieser Selbsterforschung kommt immer eine Menge hoch. Bei Cecilia: »Das ist doch immer dasselbe mit dem Chef! Der sieht das nie ein! Den interessiert doch gar nicht, wie hart wir arbeiten.« Doch Cecilia spürt förmlich, dass das nur oberflächliche Einwände sind. Tief in ihrem Innern steckt der eigentliche Einwand. Letzte Chance: Kommen Sie drauf?

Natürlich: Es ist die Angst vor Ablehnung. Nur zu verständlich. Und menschlich. Cecilia hat einfach keine Lust, ein Gespräch zu suchen, dessen frühes Ende sie schon vor dessen Beginn förmlich riechen kann: grobe, persönlich verletzende Ablehnung. Das ist ihr Einwand gegen das Gespräch. Und solange sie diesen Einwand nicht ernst nimmt, bleibt der Auftrag für sie unattraktiv und die Aufgabe unerledigt.

Nehmen Sie Einwände ernst! Auch und gerade Ihre eigenen!

Damit ist klar, warum Disziplin im herkömmlichen Sinne so ungeheuer ermüdet: Sie setzt sich über einen inneren Einwand hinweg. Es gibt einen Unterschied zwischen Disziplin und Beharrlichkeit. Disziplin ignoriert einen inneren Einwand, Beharrlichkeit überwindet ihn. Wie überwindet man innere Einwände? Indem man sie ernst nimmt. Cecilia sagt sich: »Natürlich habe ich Angst vor einer Abfuhr! Wer hätte die nicht?« Und sofort nimmt die Angst deutlich ab: Jedes belastende Gefühl nimmt ab, sobald Sie es aufrichtig würdigen. Zugegeben: Für Frauen ist diese ehrliche Würdigung meist schwierig (für Männer ist sie scheinbar unmöglich). Man muss schon eine gestandene Frau sein, um sich selbst sagen zu können: »Ja, ich habe Angst vor verletzender Ablehnung!« So ein befreiendes Geständnis würde ich keiner 20-Jährigen zumuten wollen. Aber wer sich mit 30, 40 oder 50 nicht zu seinen ureigensten Einwänden bekennen kann, sollte sich das dringend aneignen – sonst helfen wirklich nur noch zwei Schönheits-OPs im Jahr, um der wachsenden inneren Verzweiflung zu entkommen. Diese Aneignung ist nicht wirklich schwierig.

Fragen Sie sich: Wie kann ich meinem Einwand gerecht werden?

Cecilia zum Beispiel nimmt sich vor, zum Chef zu sagen: »Ich will ja keine Gehaltserhöhung! Ich möchte lediglich eine zusätzliche Stelle für die Abteilung. Und wenn Sie mir das gleich um die Ohren hauen, als ob ich mich persönlich bereichern wollte, nehme ich mir auch die Freiheit, persönlich sauer auf Sie zu sein!« Der Chef ist zwar ein Mann, aber auch er merkt: Hoppla, meine übliche Art, Bitten abzulehnen, kommt in diesem Fall nicht so gut an. Also befleißigt er sich einer bedachteren Wortwahl als sonst üblich.

Gehen Sie achtsam und fürsorglich mit Ihren Einwänden um. Gehen Sie nicht wie eine Dampfwalze darüber!

Ach übrigens: Erinnern Sie sich an die drei Wünsche, die Sie eingangs des Kapitels aufgelistet haben?

Coach yourself

Wie lautet Ihr Auftrag zu einem der drei Wünsche? Welche inneren Einwände erheben sich dagegen? Spüren Sie ihnen nach. Das fällt nur am Anfang etwas schwer. Wir hören so selten auf uns, dass uns das Gespür für uns selbst mitunter abhanden kommt. Aber das bessert sich schnell mit etwas Übung. Artikulieren Sie Ihre Einwän-

de. Würdigen Sie sie: Sie sind alle berechtigt. Also auf keinen Fall entwürdigen: »Nun stell dich nicht so an!« Dann fragen Sie sich: »Wie kann ich diesen Einwänden gerecht werden?« Reformulieren Sie Ihren inneren Auftrag entsprechend.

Ein passender Auftrag motiviert

Machen Sie das so lange, bis der Auftrag »passt«. Bis er Ihnen ein gutes Gefühl gibt. Das Gefühl nennt man auch Motivation. Und genau diese bringt ein guter Auftrag mit sich. Plötzlich *müssen* Sie die Aufgabe nicht mehr machen. Sie *wollen* es. Weil Sie merken: »Hey, das macht sogar Spaß!« So geht es auch Cecilia. Ihr Auftrag lautet nicht mehr: »Ich muss dem Chef eine zusätzliche Personalstelle aus dem Kreuz leiern!« Nach Berücksichtigung ihrer Einwände wurde aus dem Auftrag: »Wenn ich es schaffe, dass er nicht wie sonst brüsk ablehnt, sondern die Notwendigkeit einer zusätzlichen Stelle ernst nimmt, sind wir schon einen Schritt weiter!« Mit diesem Auftrag geht sie ins Gespräch – und mit einem guten Gefühl.

Die großen Fragen

Gehen wir noch einmal in unseren Garten: Rasen oder Blumen? Blumen sind schön. Aber wenn ich Kinder will, ist Rasen besser. Hoppla, von der Rasenpflege zum Kinderkriegen – wie ist denn das passiert?

Bei jeder guten Auftragsklärung stoßen Sie auch auf die große Frage: Was will ich mit meinem Leben?

Das ist erst mal belastend: Mein Leben! Oje! Gleichzeitig ist es aber auch *ent*lastend: An kleinen Fragen (wie Rasenpflege) lassen sich die großen Fragen des Lebens (wie Kinderkriegen) oft besser klären. Wenn ich erst 28 bin, setze ich zunächst auf Kinder und pflanze Rasen. Wenn bis 37 noch keines da ist, kann ich immer noch Rosen in den Rasen pflanzen. Auch Cecilias Auftrag verändert sich im Selbstcoaching, sobald sie die großen Fragen ihres Lebens einbezieht: »Ich möchte in diesem Unternehmen noch ein

Stück weiterkommen. Aber mit dieser Entscheidungsstruktur wird das nichts: Immer wird alles ausgesessen. Das sage ich dem Chef.« Der Chef reißt die Augen auf und meint: »Dann machen Sie mir doch mal einen Vorschlag!«

Wenn Sie die großen Fragen einbeziehen, wird nicht nur Ihr aktueller Auftrag klarer, sondern auch Ihr Leben.

Klare Aufträge geben Kraft

Die Klärung der großen Fragen gibt Kraft, Schwung und Energie. Auch deshalb fühlen sich viele Zeitgenossinnen trotz allem Luxus des modernen Lebens oft so kraftlos und ausgelaugt: Es fehlt die Klarheit in den großen Fragen. Keine Klarheit, keine Kraft. Die Kraft kommt aus der Klarheit des Auftrags. Und die Klarheit kommt aus der Behandlung der großen Fragen. Eine dieser großen Fragen ist: Was sind meine Werte?

Werte geben die größte Klarheit.

Oft stehen wir vor einer Aufgabe und fühlen uns schlapp: »Das schaff ich nie!« Manche stellen sich dann vor, sie hätten die Aufgabe bereits erledigt und genössen nun die Früchte der erledigten Arbeit: Schöner Garten! Zusätzliche Personalstelle! Fünf Kilo weniger! Dieser Future Pace (Vorwegnahme eines Resultats) hilft vielen. Wenn er Sie nicht genug beflügelt: Versuchen Sie es mit Ihren Werten. Cecilia zum Beispiel sagt: »Es ist ungerecht und unfair, dass die Entwickler ein neues Testlabor bekommen und bei uns reicht es nicht mal zu einer popeligen Aushilfe!« Gerechtigkeit ist ein starker Wert, vor allem für Frauen (Männer werten Erfolg höher).

Finden Sie passende Werte zu Ihrem aktuellen Auftrag. Das beflügelt.

Bei so trivialen Wünschen wie Abnehmen wird das oft schlagend deutlich. Anita sagt: »Fünf Kilo weniger – wegen der Figur.« Babs sagt: »Fünf Kilo weniger – weil ich es satthabe, dass ich mich immer nur um andere kümmere und ich selbst dabei ganz verwahrlose!« Raten Sie mal, wer von beiden nach drei Monaten weniger wog. Weil »Figur« nicht annähernd ein so mächtiger Wert ist wie »Weil ich es mir wert bin!«. Ach ja? Sind Sie sich das wirklich?

Die innere Erlaubnis

Der L'Oréal-Slogan »Weil Sie es sich wert sind!« kommt nicht von ungefähr: Das schwache Selbstwertgefühl vieler Frauen ist aktenkundig. Es behindert uns in vielem, auch bei der Auftragsklärung. Wann immer wir im Coaching nach harter Arbeit einen guten Auftrag formuliert haben, sagen viele Coachees dann plötzlich: »Ja aber darf ich das? Steht mir das zu? Ist das nicht selbstsüchtig?«

Seien Sie es sich wert!

Niemand kann Ihnen die Erlaubnis geben, die Sie sich selbst verweigern.

Manchmal müssen wir uns die Frage stellen: »Warum gönne ich allen Menschen auf der Welt alles Glück der Erde – nur mir nicht? Warum kümmere ich mich so gut um andere – nur um mich nicht?« Diese Fragen führen uns zur letzten entscheidenden Einstellung für einen guten Auftrag: »Ich erlaube es mir! Weil ich es mir wert bin!«

Stark und klar

Wenn wir etwas bewegen, schneller und besser vorankommen wollen, ist Klarheit unsere beste Freundin:

- Wunsch: Was will ich eigentlich?
- Auftrag: Was will ich dafür tun?
- Attraktivität: Und wie verleihe ich meinem Auftrag die nötige, beflügelnde Attraktivität?

Und plötzlich bemerken wir: Um die Welt zu verändern, brauchen wir weder Muskelkraft noch Kapital. Wir brauchen lediglich die nötige Klarheit, also Köpfchen. Und davon hat jede Frau genug.

Je klarer, desto wirksamer

Wecke deine Kraft! 3

»Alle Menschen haben die Anlage,
schöpferisch zu arbeiten.
Nur merken es die meisten nie.«
TRUMAN CAPOTE

Das schwache Geschlecht

Ich sitze in meinem Feriendomizil in Kärnten und schaue auf den Teich vor dem Haus. Ich wünsche mir Karpfen zum Abendessen. Ein frommer Wunsch, denn: Jeder, der Ahnung vom Angeln hat, versichert mir, dass man Karpfen nicht mit der Angel fangen kann. Auf Basis dieser Expertise macht das Ritual, das ich als Kind beobachtete, Sinn: Meine Eltern ließen das Wasser alle zwei Jahre aus dem Teich ab. Ich möchte diesen Aufwand aber nicht. Ich will keine Zweitages-Baustelle. Ich möchte lediglich heute Abend einen Karpfen in der Pfanne, mit Kren (Österreichisch: Meerrettich) und Salzkartoffeln. Aber: Wenn die Experten sagen, das geht nicht, dann geht das wohl nicht. Was glauben Sie?

Was passiert, rein statistisch betrachtet, wenn Sie einem Mann und einer Frau eine Beförderung anbieten? Die Frau denkt: »Kann ich das denn?« Der Mann denkt (oder sagt): »Na, wurde auch Zeit!« Beide Eigeneinschätzungen haben nichts mit der Wirklichkeit zu tun: Männer überschätzen sich notorisch; Frauen *unter*schätzen sich chronisch. Was unterschätzen Frauen an sich?

Ich gebe die Frage an Sie weiter: Was genau unterschätzen Frauen an sich?

Coach yourself

Logische Antwort: ihre Stärke(n). Vor allem dann, wenn Väter, Experten, Ehemänner, beste Freundinnen, Kollegen oder andere Respekts- oder Vertrauenspersonen ihnen einflüstern: »Nee, lass das mal!« Deshalb sitze ich geschlagene zehn Minuten am Ufer und starre in den Teich. Glücklicherweise fällt mir ein:

Sie trauen sich nicht so recht an eine Aufgabe heran? Dann fragen Sie sich bitte: »Ist die Aufgabe wirklich so beeindruckend? Oder unterschätze ich mich mal wieder?«

Sich schwach oder gar macht-, hilf- oder einflusslos zu *fühlen*, ist vor bestimmten Aufgaben ganz normal. Das heißt nicht, dass Sie es *sind*. Es heißt lediglich, dass Sie Ihre Stärken, die in Ihnen schlummern, erst einmal wecken sollten.

Machen Sie sich konstruktive Gedanken!

Also starre ich auf den Teich und frage mich: Wie weckt man etwas in sich selbst? In Kapitel 1 haben wir ein wunderbares Instrument dafür schon kennengelernt: Einstellungen. Auf gut Deutsch: konstruktive Gedanken.

Sie stehen vor einer Aufgabe. Gut. Was denken Sie darüber? Und was wäre im Gegensatz dazu eine konstruktive Einstellung? Was wäre eine engagierte Einstellung?

Ich überlege ein wenig. Dann sage ich mir: »Ach was, Expertenwissen! Das probiere ich jetzt einfach mal. Kann ja nichts schiefgehen. Im schlimmsten Fall verbringe ich zwei meditative Stunden mit leerer Angel am Teich und ertrage den Spott der Nachbarn. Im besten Fall kann ich danach mächtig in der Dorfschänke angeben!« Na, das ist doch gleich eine ganz andere Einstellung! Bevor ich mich versehe, laufe ich zum Schuppen, um die Angel zu holen. Mission accomplished! Kräfte geweckt. So muss frau das machen. Das klappt bei mir vorm Teich vielleicht, aber bei Ihnen im Büro (in der Familie, Beziehung, ...) nicht? Ich danke Ihnen! Wofür? Für Ihren Zweifel.

Verwandle deinen Zweifel!

Frauen unterschätzen sich oft und gern. Sie leiden unter chronischem Zweifel. An sich selbst. An ihren Stärken, Kompetenzen, Fähigkeiten und der Berechtigung und Priorität ihrer Wünsche und Bedürfnisse. Wann zweifeln Sie an etwas?

Coach yourself

Erstellen Sie eine kleine Horrorliste mit jenen Situationen, in denen Sie regelmäßig an sich zweifeln, sich schwach und ungenügend fühlen. Welche Fähigkeiten bezweifeln Sie? Wann bezweifeln Sie die Berechtigung von Bedürfnissen? Beobachten Sie, wie der unbewusste Zweifel sich verändert, sobald Sie ihn sich bewusst machen.

Eine Abteilungsleiterin sagte zu dieser Seminarübung einmal: »Wann ich an mir zweifle? Mein halbes Leben!« Das kommt hin. Auch bei Männern. Männer jedoch (über)kompensieren Unsicherheit mit offensivem bis aggressivem Verhalten von Angeberei bis Imponiergehabe. Frauen kompensieren tendenziell eher mit passivem bis defensivem Verhalten: eine ziemliche Selbstbehinderung, wenn frau im Leben etwas erreichen möchte. Also wie schaffen Sie den Zweifel ab? Niemals!

Gefühle, die Sie bekämpfen, verstärken Sie bloß.

Also bekämpfen Sie Ihre Zweifel nicht. Machen Sie das Gegenteil:

Stehen Sie zu Ihrem Zweifel, Ihren Ängsten, Ihren Schwächen!

Man kann nur ändern, was man akzeptiert

Das ist ein ungewöhnliches Rezept. Für gewöhnlich denken wir bei Selbstzweifeln doch eher: »Stell dich nicht so an! Reiß dich zusammen!« Wie fühlen Sie sich dabei? Sie fühlen mit hoher Wahrscheinlichkeit einen inneren Widerstand. Dieser ist der Grund, warum solche Selbstüberredungsversuche nicht wirklich oft oder gut funktionieren: Sie kosten auf Dauer zu viel Energie, weil sie den Selbstzweifel nicht respektieren, sondern unterbuttern. Unterbuttern kostet Kraft und schwächt gleichzeitig das Selbstwertgefühl.

Beste Behandlung für Selbstzweifel: Pacing & Leading. Erst vorbehaltlos akzeptieren und würdigen. Dann behutsam in die richtige Richtung führen.

Pacing & Leading

Damals vor dem Karpfenteich sagte ich mir also: »Natürlich hast du noch nie geangelt! Das ist doch gerade das Gute! Klappt's trotzdem, bist du die Lokalheldin. Klappt's nicht, dann eben weil du noch nie eine Angel auf Karpfen geworfen hast. Also kann ja gar nichts schiefgehen!« Überraschend? Nein, genau darin besteht das Geheimnis von Pacing & Leading (erst mit jemandem mitgehen (Pacing), bevor man ihn zu führen beginnt (Leading)): Werden Zweifel und Schwächen ernst genommen und vorbehaltlos akzeptiert, dann und nur dann können Sie sie in eine Stärke verwandeln. Ein charmantes Rezept.

Eine 58-Jährige, die sich nach 24 Jahren Mutterschaft wieder um einen Arbeitsplatz bewarb, konterte den impliziten Vorwurf des Personalchefs mit diesem Rezept: »Stimmt: Ich bin seit einer Ewigkeit raus aus dem Beruf. Und was habe ich in dieser Ewigkeit gemacht? Ich habe 24 Jahre eine Familie gemanagt und nebenher das halbe Büro meines Mannes. Zeigen Sie mir einen meiner Mitbewerber, der eine ähnliche Qualifikation vorweisen kann!« Gut gebrüllt, Löwin! Nach dem dritten Vorstellungsgespräch hatte sie einen Job. Kein Wunder, bei dieser Einstellung:

Basteln Sie sich eine Einstellung, die Ihnen Kraft gibt! Basteln Sie so lange, bis sie Ihnen Kraft gibt!

Zweifel warten nur darauf, verwandelt zu werden. Darüber hinaus sollten Sie Zweifel auch niemals auf typisch amerikanische Weise wegwischen: »Du schaffst das! Augen zu und durch!« Denn blinde Zuversicht macht wirklich blind – deshalb heißt sie so.

Jeder Zweifel ist ein wertvoller Hinweis auf ein Risiko, Hindernis oder eine mangelnde Fähigkeit.

Deshalb bekämpfe ich meine Zweifel nur wirklich ungern. Ich nehme sie lieber ernst: »Du traust dir das noch nicht zu? Was fehlt dir denn? Womit würdest du es dir eher zutrauen?« Und dann besorge ich mir die Fähigkeit oder die nötige Unterstützung. Eigentlich paradox:

Zweifel sind Ratgeber

Zweifel geben Sicherheit – wenn Sie sie mit der passenden Sicherheitsmaßnahme hinterlegen.

Das klingt einfach. Das ist es auch. Aber es ist unglaublich ungewohnt. Im Seminar sagte eine Prokuristin einmal: »So sorgsam und feinfühlig soll ich mit meinen Zweifeln umgehen? So behandle ich ja nicht mal meine Kinder!« Äh, hm. Was soll ich dazu sagen? Etwa: Frag mal deine Kinder, wie toll die das finden? Nein, zu frech. Also sagte ich: »Sie sind Managerin. Also sagen Sie mir: Welche Art der Behandlung von Zweifeln ist einfacher? Und welche ist effizienter?« Das verstand die Managerin. Diese Erkenntnis soll auch ihren Kindern zugutegekommen sein, wie mir eine gemeinsame Bekannte danach erzählte. Die Managerin bekämpft Zweifel nicht mehr.

Die häufigste weibliche Reaktion auf eigene (oder fremde) Zweifel ist aber nicht das Bekämpfen derselben, sondern – was sagen Sie als Frau dazu?

Coach yourself

Was machen Frauen normalerweise mit Zweifeln?

Sie verstärken sie, erheben sie zum Dogma: »Die Experten haben recht. Karpfen kann man nicht mit der Angel fangen. Außerdem: Ich als Stadtkind beim Angeln! Das kann ja nur schiefgehen! Ich habe doch sowieso zwei linke Hände.« Solche Tiraden der Selbstbezichtigung kennen wir alle nur zu gut. Eine Wissenschaftlerin hat einmal herausgefunden, dass Frauen zusammengerechnet bis zu sechs Stunden täglich damit verbringen. Das ruiniert die stärkste Psyche. Da hilft nur eines:

Bitte sprechen Sie mir nach: »Ich verspreche mir und Frau Dr. Topf, dass ich mich künftig so behandeln werde, wie ich einen Menschen behandeln würde, den ich von ganzem Herzen liebe.« Das heißt zunächst und zuerst: »Wie sprichst du denn wieder mit dir? Red' anständig mit dir!«

Unterschätzen Sie dieses Versprechen nicht. Es ist nichts weniger als die Prime Directive, die oberste Handlungs- und Denkmaxime eines professionellen Coachings und eines erfüllten Lebens: Behandle dich anständig! Wenn Sie ihr folgen, werden Sie eine sehr erfolgreiche Selbstcoachin und eine sehr glückliche und erfolgreiche Frau werden und bleiben. Das verspreche ich Ihnen.

Liebe deinen Nächsten *wie dich selbst!*

Im Klartext heißt das: Ich hätte niemals einem lieben Menschen vorgeworfen, dass er oder sie als Stadtkind sowieso keine Angel halten kann. Das täte ihm oder ihr doch weh! Und genauso weh tut es mir selbst, auch wenn ich das nicht sofort merke: Es unterminiert mein Selbstwertgefühl stärker als jede Beleidigung von außen. Also lasse ich es. Ich verstärke meine Zweifel nicht. Ich würdige sie und hinterlege sie mit passenden Maßnahmen. Das gibt mir Kraft. Und Ihnen. Was gibt Ihnen darüber hinaus Kraft?

Red dir gut zu!

Mit wem habe ich am Teich im Garten geredet? Mit wem reden Sie, wenn Sie Zweifel und Ängste spüren? Nun, zunächst einmal mit sich selbst. Ängste und Zweifel melden sich bei Ihnen. Was antworten Sie?

Der KID, der Konstruktive Innere Dialog, ist eine der größten Meta-Stärken eines Menschen.

Meta-Stärke deshalb, weil sie über allen situationsspezifischen Stärken steht (griechisch: »meta« – darüber), eben weil sie jeder in jeder Situation hilft: Der Konstruktive Innere Dialog hilft immer und überall und sofort. Sofern Sie ihn schon vor Stresssituationen einüben und Tag für Tag ein wenig mehr von der inneren Kritik auf das innere Coaching umstellen. Der innere Dialog hat ungeheure Wirkung auf Ihr Leben.

Wenn ich zum Beispiel mit Frauen rede, die zum Unverständnis aller Freunde, Kollegen und Kolleginnen einen attraktiven Auftrag, einen Deal, eine Business-Idee, einen großen Kunden, ein tolles Projekt, einen neuen Partner oder eine Beförderung nicht angenommen haben, dann sagen sie mir oft: »Das traue ich mir noch nicht zu.« Und das sagen sie sich unentwegt. Das ist ein Monolog. Ein destruktiver. Die meisten Frauen, die vergleichbare Chancen angenommen haben, berichten anders über ihre inneren Gespräche: »Natürlich dachte ich zuerst: Das packst du nicht! Doch dann sagte ich mir: Du hast doch schon vergleichbare Erfahrung. Und selbst wenn es schiefgeht: Danach hast du so viel Expertise, dass du immer etwas anderes machen kannst.« Das ist ein Dialog. Ein konstruktiver. Ein Dialog, den die Frauenwelt braucht. Gerade jetzt.

Führen Sie konstruktive Dialoge mit sich selbst!

Denn jetzt wollen Frauen beides: Beruf und Familie. Und wenn die Frau dann nach einem tollen Uni-Abschluss einen schönen Job angeboten bekommt, denkt sie oft ähnlich wie Margit, 26, die eben ihren BWL-Master gemacht hat und die jetzt bei Volkswagen einsteigen könnte mit Perspektive aufs mittlere Management: »Aber was, wenn ich nach drei, vier Jahren Kinder will? Dann ist meine Karriere zu Ende! Als Führungskraft muss man doch 24 Stunden am Tag verfügbar sein!« Oje, Margit!

Coach yourself

Machen Sie aus Margits Monolog einen konstruktiven Dialog!

Ich bin mir sicher, Sie haben Margit Mut gemacht. Als ich sie im Coaching ein paar Mal angestupst hatte, kam Margit selbst auf den Trichter: »Deutschland erlebt einen akuten Fachkräftemangel. Politik und Wirtschaft suchen händeringend Frauen. Die Vereinbarkeit von Beruf und Familie war noch nie so gut. Mein Partner ist kein Pascha! Und bei VW verdiene ich so gut, dass eine Tagesmutter finanzierbar ist.« Da fühlen Sie sich schon getröstet, obwohl Sie Margits Problem nicht haben? Das ist das Schöne am Konstruktiven Inneren Dialog: Hilft und tut immer gut. Auch wenn man gar kein Problem hat. Übrigens: Wie hat sich Margit nach diesem Dialog wohl gefühlt?

Mit einem guten Gefühl

Überraschung! Ihr Vorgesetzter hat eben angerufen und mir aufgetragen, Ihnen auszurichten: Sie müssen morgen eine Präsentation vor dem Vorstand Ihres Unternehmens halten (Sie dürfen auch eine andere Stresssituation einsetzen). Wie fühlen Sie sich? Bitte auf einer Skala von 0 (kurz vor dem Nervenzusammenbruch) bis 10 (superdupertoll und stark) festlegen. Diese Gradeinteilung nenne ich in Anlehnung an eine internationale Kennziffer aus der Psychologie: SUS, Subjective Units of Strength, die subjektiv empfundene Stärke. Vor Stresssituationen liegen die SUS auf jeden Fall unter fünf. Eine ziemlich zappelige junge Chirurgin sagte mir mal vor der Assistenz ihrer ersten Hirn-OP: »Null? Schön wär's ja! Eher minus drei!« Was bringt diese Zahlenspielerei?

Ermitteln Sie die SUS. Dann coachen Sie sich. Dann ermitteln Sie die SUS wieder.

Warum? Weil Sie nur so ermitteln können, ob Sie in die richtige Richtung coachen und wie Ihr Coaching anschlägt. Das sind zwei gute Gründe. Der dritte ist der wichtigste:

Wann sind Sie stark genug? Wenn Sie mit einem guten (oder zumindest besseren) Gefühl an eine Herausforderung herangehen.

Ein gutes Bauchgefühl hilft

Gehaltsverhandlung? Vorstandspräsentation? Dem Partner den Laufpass geben? Kritikgespräch mit einem Mitarbeiter? Einer pubertierenden Tochter die Leviten lesen? Da kann uns das Herz ganz schön in die Hose rutschen, Richtung SUS-Nulllinie. Dann coachen Sie sich erst mal. Dann steigt Ihr Mut. Sie fühlen sich besser. Sie können die Sache mit einem guten Gefühl angehen. Genau das ist das Gefühl von Stärke. Wer ein gutes Bauchgefühl hat, erkennt diese Gefühlssteigerung auch ohne Quantifizierung mittels SUS – die SUS machen es lediglich leichter. Ganz besonders starke Gefühle wecken übrigens Erwartungen.

Die Macht der Erwartung

»Das geht schief!« Wie oft haben Sie das schon vor Herausforderungen gedacht oder gesagt?

Was denken Sie vor Herausforderungen, wenn Ihnen das Herz in die Hose rutscht?

Coach yourself

Wir könnten solche Gedanken auch als Zweifel (s. S. 51) oder negative Einstellung bezeichnen. Doch ich möchte auf den Zeitreisen-Effekt solcher Gedanken hinaus:

Wenn ich erwarte, dass es schwierig wird, wird es schwierig.

Die eigenen Erwartungen formen

Nicht weil es per se schwierig wäre, sondern weil ich es mir mit meiner Erwartung unnötig selbst schwer mache. Die Amerikaner haben eine schöne Formel dafür: Expectancy shapes experience. Was ich jetzt erwarte, werde ich zum Teil nur deshalb erleben, weil ich es jetzt erwarte. Also ist es sinnvoll und nützlich, seine eigenen Erwartungen bewusst zu formen. Wie?

Erwartungen sind meist spontane, unbewusste und vor allem in die Zukunft reichende Gedanken, Filme, Tonspuren oder Gefühle, die in uns ablaufen, sobald wir an eine Aufgabe oder Situation denken. Im schlimmsten Fall ist es der bekannte Katastrophenfilm, der in unserem Kopf abläuft: Wir können uns förmlich vorstellen, was alles dabei schiefgeht. Das können Sie auch? Das ist fantastisch! Denn:

Wenn Ihre Vorstellungskraft in die eine Richtung geht, kann sie auch in die andere Richtung gehen. Wenn Sie sie dahin lenken.

Bitte machen Sie das so oft wie möglich! Bei allen sich bietenden Gelegenheiten! Damit Sie Ihre Vorstellungskraft, die bislang hauptsächlich dramatisierte, auch in die andere Richtung trainieren.

Coach yourself

Stellen Sie sich etwas vor, bei dem Sie Zweifel beschleichen. Welche Situation, welche Aufgabe? Welcher Film läuft in Ihrem Kopf ab? Und jetzt drehen Sie bitte den entsprechenden Film mit Happy End.

Da sträubt sich erst mal alles in Ihnen? Dann machen Sie die Übung richtig. Warum sind Sie jetzt überrascht? Dachten Sie, ich belle Sie an, bloß weil Sie eine Übung »nicht richtig können«? Erinnern Sie sich bitte an die Prime Directive des Selbstcoachings: Behandle dich gut! Ich werde Sie niemals anbellen. Und Sie sich hoffentlich auch nicht. Denn *natürlich* fällt uns der Happy-End-Film am Anfang sehr, sehr schwer. Eben weil wir uns 20, 30, 40, 60 Jahre lang innerlich selbst zur Minna gemacht haben. Jeden Tag unseres Lebens.

Seien Sie eine gute Regisseurin. Helfen Sie Ihren inneren Schauspielern über jedes Hindernis zum Happy End hinweg.

Nehmen Sie Ihre Zweifel und Einwände bei den Dreharbeiten ernst, wertschätzen Sie sie und dann helfen Sie sich selbst darüber hinweg: Was fehlt noch? Ist dieser Filmverlauf realistisch? Das machen Sie so lange, bis Sie beim Happy End angelangt sind. So ändern Sie buchstäblich Ihre Zukunft. Das ist viel besser als die berühmte Kristallkugel! Mit diesem Verfahren, auch Future Pace genannt, *sehen* Sie nicht nur Ihre Zukunft. Sie gestalten sie auch. Warum kennen dieses Geheimnis nur so wenige Menschen?

Warum handeln wir nicht?

Das kennt doch jede(r)! Aber *machen* tun's die wenigsten. Weil sie dumm sind? Bequem? Faul? Nein. Weil sie es nicht gewohnt sind, sich mit sich selbst und ihren Gedanken in fürsorglicher Weise zu beschäftigen. Weil sie es sich nicht wert sind. Sie legen Wert auf gutes Aussehen, gutes Gehalt, schöne Autos und Wohnungen. Aber Wert auf ein gepflegtes Innenleben legen sie nicht. Das ist die Tragödie des modernen Menschen. Ich bin froh, dass Sie davon nicht betroffen sind! Denn Sie sind hier. Sie setzen sich mit sich selbst auseinander. Ich muss Ihnen kein gutes Leben *wünschen*. Denn Sie werden es ganz sicher *haben*.

Deine beste Freundin

Wenn Sie Stress haben – wie reden Sie da innerlich mit sich? Achten Sie mal auf »meinen inneren Zicken-Monolog«, wie Eva das im Seminar nennt. Und dann überlegen Sie mal:

Wie würde Ihre beste Freundin mit Ihnen reden? Übersetzen Sie diesen externen Dialog in einen inneren Dialog.

Das heißt: Verändern Sie Ihren Konstruktiven Inneren Dialog so lange, bis Sie eine reale oder eine fiktive beste Freundin reden hören. Das hört sich lapidar an. Das ist aber eines der wirksamsten Instrumente des Selbstcoachings.

Wie spricht Ihre beste Freundin mit Ihnen?

Fragen Sie sich in Stresssituationen immer wieder: Würde meine beste Freundin so mit mir reden?

Denken Sie nur mal daran, auf welch wundersame Weise Ihre beste Freundin ungeahnte Kräfte in Ihnen wecken kann. Und dann machen Sie es selbst!

Vergleich dich richtig!

Warum ist es eine Katastrophe, wenn eine Frau auf einer Party zufällig im gleichen Kleid ankommt wie Sie? Weil Sie intuitiv befürchten: »Sie sieht viel besser darin aus!«

Frauen schwächen sich oft und intensiv mit Vergleichen.

Manche Ratgeber raten deshalb: Gewöhnen Sie sich Vergleiche ab! Manu sagte dazu mal: »Genauso gut könnte ich einem Schimpansen die Bananen abgewöhnen!« Ich teile Manus Meinung. Also sage ich:

Vergleichen Sie sich ruhig. Aber für jeden Abwärts-Vergleich finden Sie zwei Aufwärts-Vergleiche.

Manu zum Beispiel dachte in der oben geschilderten, potenziell desaströsen Party-Situation: »Mit ihrem knochigen Hintern sieht sie doch unmöglich aus in diesem Kleid! Außerdem bin ich sowieso viel charmanter!« Spüren Sie das? Was macht das in SUS? 7? 8? 12?

Das Streisand-Prinzip

Wir alle haben unsere Stärken. Wir vergessen sie bloß oft. Wenn zwölf Frauen zum Beispiel im Seminar versammelt sind, dann bringen alle zwölf (mindestens) eine berufliche oder private Angelegenheit mit, bei der sie intensiv zu kämpfen haben. Es ist klar, dass sie dafür Stärken benötigen. Da ist es ganz logisch, dass ich sie frage: »Was sind denn Ihre drei größten Stärken?« Und jedes Mal erschrecke ich aufs Neue über die daraufhin einsetzende Stille. Während die Sekunden ticken, hätte jeder minderbegabte Mann mindestens schon fünf Stärken aufgezählt, von denen drei objektiv nicht nachvollziehbar sind. Deshalb sollten wir das ein wenig üben:

Coach yourself

Stellen Sie sich eine konkrete Herausforderung vor. Dann fragen Sie sich: »Was sind generell meine drei größten Stärken? Was sind meine beruflichen oder persönlichen Stärken? Und welche meiner Stärken passen zu dieser konkreten Situation?«

Manchmal muss frau ein wenig nachdenken, um die Antwort zu finden. Das Nachdenken lohnt sich: Es weckt die eigenen Stärken. Aber wenn Ihnen für eine bestimmte Situation tatsächlich bestimmte Stärken fehlen? Dann machen Sie es wie Barbra Streisand oder Madonna.

Machen Sie es wie Madonna!

Beide Stars hätten eigentlich nie einer werden dürfen – und empfanden das zu Beginn ihrer Karrieren auch so. Die Streisand hat »eine Nase wie ein Tukan«, wie sie selbst mal sagte. Madonna hatte bis »Don't cry for me, Argentina!«, als sie professionellen Gesangsunterricht nahm, keine wirklich gute Stimme. Gesicht und Stimme aber sind unabdingbare Voraussetzungen für eine Pop-Karriere. Tatsächlich? Sagt wer? Die Experten und Ihre innere Stimme! Dann irren sich beide! Denn sie missachten das Kompensationstheorem:

Sie können jede verlangte spezifische Fähigkeit mit einer unspezifischen unverlangten Fähigkeit kompensieren.

Zu abstrakt? Dann konkret. Nehmen wir Linda. Sie ist Ingenieurin und ziemlich schüchtern. Sie muss öfter Präsentationen halten: Sie verhaspelt sich ständig, redet leise und schafft nicht einen zaghaften Blickkontakt in 30 Minuten Präsentation. Eine Katastrophe! Also kommt sie ins Coaching. Sie möchte, dass ich ihr »die Marotten abtrainiere«. Weil sie das möchte, versuchen wir das auch zwei Sitzungen lang. Es ist sehr mühsam, kostet Kraft und ist frustrierend. Was logisch ist, was Linda aber nicht weiß:

Sich Schwächen abzugewöhnen ist kraftraubend und meist wenig erfolgreich. Das Mittel der Wahl sollte zunächst immer Kompensieren (mit Stärken), nicht Abtrainieren (von Schwächen) sein.

Als Linda mal wieder ganz verzweifelt am Flipchart in meiner Coaching-Klause steht und es nicht mal schafft, mit mir Blickkontakt aufzunehmen, gelingt es mir, sie in ein Gespräch über berührungsfreie Zugangssysteme zu verwickeln – eines ihrer Lieblingsthemen. Darüber redet sie gern, fließend und fehlerfrei. Sie schaut mich zwar immer noch nicht dabei an, aber sie malt begeistert das Flipchart voll und redet wie ein Wasserfall: Problem gelöst, Stärke gefunden.

Fortan versuchen wir nicht mehr, ihr mit ungeheurer Kraftanstrengung Blickkontakt beizubringen. Wir tüfteln lediglich Mittel und Wege aus, wie sie ihre natürliche Begeisterung für ein Thema in der Präsentation rüberbringen kann. Denn das ist ihre Signature Strength, ihre charakteristische Stärke. Die Streisand hat das auch so gemacht.

Konzentrieren Sie sich geradezu fanatisch auf Ihre Stärke!

Sie hat auf der Bühne nicht nur ihre Nase ignoriert. Sie hat sogar Witze darüber gemacht und dann einfach losgesungen. Und nach der dritten Note vergaß das Publikum alles, was es sah und hörte nur noch zu. Dito Madonna: Bei den Texten und der Show, die sie brachte, hörte niemand darauf, dass sie damals den Stimmumfang einer Musikspieldose hatte.

Sie kennen Ihre größten Stärken! Besinnen Sie sich auf eine von ihnen und bringen Sie sie ein! Auch wenn sie a priori gar nicht zur konkreten Situation zu passen scheint!

Rechtfertigen Sie sich nicht für Ihre Stärken!

Das klingt logisch? Trotzdem machen viele Frauen das Gegenteil: Sie bringen ihre Stärken nicht ein. Sie beklagen sie. Im Seminar höre ich zum Beispiel oft: »Ich bin oft so undiplomatisch und direkt. Wie kann ich mir das abgewöhnen?« Ich sage dann immer: »Natürlich können Sie sich ein wenig mehr Diplomatie angewöhnen. Aber viele Menschen wären froh, so offen, ehrlich und direkt reden zu können wie Sie! Freuen Sie sich darüber!« Doch was sagen dann »die Leute« dazu? Sagen sie etwa »ein weiblicher Napoleon«? Oder »ganz schön tough, die Kleine«? Wenn ich mit Napoleon verglichen werde, muss ich was tun, das ist klar – aber so krass sind die Vergleiche doch nie! Direkte Frauen werden im Business gerne als »tough« bezeichnet. Und dann sollte ich intelligent genug sein, das als Kompliment aufzufassen: »Ja, ich bin direkt *und* sympathisch!« Ist das nötig? Muss eine Frau ihre Stärken rechtfertigen? Ja.

Stärken rechtfertigen

Wenn ein Mann Tacheles redet, ist er ein ganzer Kerl. Wenn eine Frau das macht, ist sie eine Zicke. Das ist die Doppelmoral im vorherrschenden Patriarchat. Solange keine von uns diese dämliche »Institution« abschaffen kann, stellen wir uns darauf ein:

Eine Frau muss nicht nur stark sein. Sie muss ihre Stärken auch verbal schützen können.

Männer haben es nicht viel besser. Zeigt ein Mann zum Beispiel Mitgefühl mit einem Schwächeren, ist er gleich ein »Weichei« und muss sich verteidigen (können). Die meisten Frauen haben das längst verstanden. Im Seminar werde ich immer wieder gefragt: »Greife ich mal durch, bin ich gleich eine ›Zicke‹. Wie kann ich schlagfertig darauf antworten?« Ich habe mal ein paar strategische Instant-Sätze in Seminaren gesammelt. Suchen Sie sich was Hübsches aus und passen Sie es an Ihre Bedürfnisse an. Wichtig ist allein: Sie sollten sich solche Sprüche vorher zurechtlegen. In der Hitze der Situation fällt einem so etwas nicht unbedingt ein:

- »Irgendjemand musste eine klare Ansage machen! Und wenn ihr Jungs dafür zu schwach seid, mache ich es eben.«
- »Besser 'ne Zicke als ein Chauvi!«
- »Och, jetzt weint der Kleine gleich! Männer sind einfach nicht tough enough fürs Business.«
- »Wenn ich jemandem auf den Schlips getreten bin, tut mir das leid. Soweit zur Form meiner Aussage. Der Inhalt gilt weiterhin.«
- »Sie haben recht: Ich rede gern Klartext.«
- »Zicke? Das heißt, ich darf Sie jetzt auch beleidigen?«
- »Das kann man so sehen, muss man aber nicht.«
- »Wie könnten Sie Kritik leichter akzeptieren?«

Sie haben ja recht: Muss das sein? Muss man sich derart verletzen lassen? Leider ist der Umgangston in Beruf, Wirtschaft und auch in der Gesellschaft alles andere als zivilisiert:

Es geht oft hart und unzivilisiert zu. Sie ertragen das leichter, indem Sie sich fragen: »Ertrage ich das jetzt stumm beleidigt als Opfer? Oder als souveräne Frau, die einstecken, aber auch austeilen kann?«

Raus aus der Opferrolle

Viele fühlen sich ausgesprochen wohl in ihrer Opferrolle. Dann geht das auch in Ordnung. Doch wenn mir diese Rolle nicht mehr passt, dann liegt es an mir, daran etwas zu ändern. Ich kann auch andere Rollen ausfüllen!

Die große weibliche Schwäche

Viele Frauen kämpfen wie eine Löwin – für andere. Für Kollegen, Kunden, Kinder. Für sich selbst nutzen sie ihre Stärken oft überhaupt nicht. Brigitte zum Beispiel steht für eine anstehende Beförderung in direkter Konkurrenz zu Markus. Als ihr Vorgesetzter eher zu Markus tendiert und das auch andeutet, sagt sie sich: »Na ja, er ist auch zwei Jahre länger bei der Firma.« Sie stellt ihre eigenen Interessen einfach hintan! Das wird auch als Gute-Tochter-Syndrom bezeichnet:

Fällt es Ihnen schwer, für sich selbst einzustehen? Dann kämpfen Sie für andere, wenn Sie für sich kämpfen!

Brigitte zum Beispiel sagt sich: »Was Markus mit unseren Kunden und Kollegen anstellen würde, wenn er den Posten bekommt, können wir uns alle nur zu gut ausmalen. Also bin ich es Kunden und Kollegen schuldig, dass ich den Posten bekomme!«

Lernen Sie, für sich einzustehen!

Eine andere Lösung ist, sich zu sagen: »Immer hänge ich mich für andere rein! Jetzt bin ich auch mal dran. Ich gebe mir die Erlaubnis, in diesem Punkt meine eigenen Interessen so vehement zu verfolgen, wie ich sonst nur fremde Interessen verfolge.« Das ist eine schöne Einstellung, die schon bald frontal mit Ihrem mehr oder minder stark ausgeprägten weiblichen Perfektionismus kollidieren wird: »Blöde Kuh, denkst schon wieder nicht richtig an dich!« Bitte nicht! Viel lieber: »Ich lerne langsam aber sicher, auch für mich selbst einzustehen. Mit jedem Tag ein wenig mehr. Mit jedem Fehler, Rückschlag und Versäumnis ein wenig nachdrücklicher.« Wer so mit sich redet, tut sich gut. Apropos Rückschläge …

Universelle Stärken

Wir haben uns ein ganzes Kapitel lang mit Ihren Stärken beschäftigt und viele Stärken diskutiert. Angesichts der Fülle werde ich oft gefragt: »Was ist die wichtigste Stärke?«

Jede hat eine eigene Meinung zu dieser Frage. Ich halte Beharrlichkeit für eine der größten menschlichen Stärken. Alles Große, Gute und Schöne wurde niemals auf Anhieb erreicht. Deshalb auch der altkluge Spruch: »Nicht die Klugen ernten den Erfolg, sondern die Beharrlichen.« Seien Sie beharrlich! Blöder Tipp? In der Tat.

Die stärksten Stärken

Niemand ist beharrlich, bloß weil man es ihr sagt. Warum sind alle erfolgreichen Frauen beharrlich? Jede aus ihrem eigenen Grund. Ich habe mal herumgefragt und Antworten gesammelt:

- »Warum sollte ich darauf verzichten? Das steht mir zu!«
- »Wenn ich etwas beginne, dann ziehe ich es auch durch.«
- »Andere haben es doch auch geschafft!«
- »Ist doch klar, dass so was nicht auf Anhieb klappt. Also noch ein Versuch!«

Was ist Ihr guter Grund, dranzubleiben? Finden Sie ihn. Das ist die Aufgabe. Eine tolle Begründung lieferte mir Sandra, Geschäftsführerin: »Ich weiß, dass ich bekommen werde, was ich anstrebe, wenn ich konsequent dabeibleibe. Man muss sich das schließlich verdienen!«

Erfolg korreliert nicht mit Intelligenz, sondern mit Ausdauer

Es ist klar, dass frau mit dieser Beharrlichkeit auch jeden Rückschlag wegsteckt: »Okay, so funktioniert es also nicht. Nächster Versuch!« Aber reitet die beharrliche Frau nicht irgendwann zwangsläufig ein totes Pferd? Weil sie beharrlich Wiederbelebungsversuche macht, obwohl das Pferd längst tot ist?

Die zweitwichtigste Stärke nach Beharrlichkeit ist Beharrlichkeits-Intelligenz: Wo lohnt Beharrlichkeit und wo nicht?

Miese Beziehungen und Jobs sind Paradebeispiele für Intelligenzlücken in dieser Hinsicht: Wie viele Frauen kleben darin fest und hoffen gegen jede Hoffnung? Es gibt einige vernünftige und vor allem intersubjektiv überprüfbare (andere Menschen können die Beurteilung nachvollziehen) Abbruchkriterien:

Wenn Sie mit fünf unterschiedlichen Optionen jeweils sieben Versuche unternommen haben und immer noch keine deutliche Entwicklung zum Besseren feststellbar ist, dann sollten Sie das Pferd auf jeden Fall für tot erklären und mit Ihrer kleinen Karawane weiterziehen.

Schaffen Sie das nicht, sollten Sie gegebenenfalls mit einer guten Coachin überlegen, ob Ihre durch nichts zu rechtfertigende Hartnäckigkeit möglicherweise die per se vergebliche Aufarbeitung eines Kindheitstraumas ist; zum Beispiel der damals vergebliche Kampf um die Aufmerksamkeit von Vater oder Mutter oder der ebenso vergebliche Versuch, die getrennten Eltern wieder zusammenzubringen. Sie können sich aber auch sagen: »Was tue ich mir denn da an? Warum vergeude ich so viel Kraft auf ein hoffnungsloses Unterfangen? Das darf ich mir nicht antun!« Warum bewegen diese Sätze so viel? Weil ein zentraler Wert dahinter steht: Authentizität.

Ihre Werte sind Ihre größte Stärke.

Wenn Sie joggen, weil der Arzt Ihnen das verschreibt, machen Sie das mit hoher Wahrscheinlichkeit nur ungern und bestimmt nicht für den Rest Ihres Lebens. Folgsamkeit ist ein energieraubender Wert, ein schwacher Wert. »Weil ich es mir wert bin!« ist ein sehr viel stärkerer Wert: Autonomie, Selbstständigkeit, Eigenwertschätzung. Deshalb spannt ihn die Werbung auch für sich ein.

Es macht Sie stark, wenn Sie einen Ihrer Werte in eine Situation einbringen. Suchen Sie immer nach dem stärksten Wert.

Was ist Ihnen wichtig?

Mitten in einer Vorstandspräsentation stand einmal ausgerechnet die stillste, introvertierteste Sachbearbeiterin auf und wies den vortragenden Abteilungsleiter zurecht. Alle waren mächtig beeindruckt von ihrem Mut. Mut? Sie verneinte das und sagte: »Die Zahlen haben einfach nicht gestimmt. So kann man das nicht stehen lassen.« Sie brauchte keinen Mut, weil sie sich auf einen ihrer zentralen Werte besann: Wahrheitsliebe. Deshalb wagte sie eine Wortmeldung, wo sich eigentlich nur Manager zu Wort melden dürfen: Werte sind Stärken. Nutzen Sie sie.

Räum Steine weg!

4

»Ziele sind wichtig. Hindernisse sind wichtiger.«
CELIA M., BEREICHSLEITERIN PHARMA

Erkenne, was dich bremst!

Manchmal erfüllt ein Ziel, ein Traum, ein Wunsch uns so sehr, dass wir jedes Hindernis auf dem Weg geradezu überfliegen: Begeisterung – nicht Red Bull – verleiht Flügel. Denken wir zum Beispiel an den Kinderwunsch vieler Frauen: Manche nehmen jahrelang klaglos und mit schier endloser Energie wahre Torturen auf sich, um ihn sich zu erfüllen. Ihr Traum gibt ihnen die nötige Kraft. Wenn Sie solche im Sinne des Wortes beflügelnden Träume hegen, dann beglückwünsche ich Sie. Aber?

Nichts Lohnendes fällt leicht

Aber deshalb sind Sie nicht hier, nicht wahr? Sie sind hier wegen der *anderen* Wünsche und Ziele. Ziele, die Sie eben nicht beflügeln, sondern eher belasten. Warum?

Wenn Sie mit Ihrem Leben oder einer Aufgabe nicht so recht vorankommen: Jammern Sie ruhig und schieben Sie die Schuld auf die Umstände, andere Personen und Ihre mangelnden Fähigkeiten. Und dann stellen Sie sich die Frage, die Sie weiterbringt: »Was konkret hält mich auf?«

Die meisten Menschen sind derart mit Jammern, Blaming (die Schuld auf andere(s) schieben) und sich selbst Beschimpfen beschäftigt, dass sie nicht genau sagen können, was konkret sie aufhält, abhält, ausbremst. Das ist aber wichtig, denn:

Sie können nur das Hindernis überwinden, das Sie wahrnehmen. Und je exakter Sie es erkennen, desto leichter und schneller überwinden Sie es.

Ich bin doof, ich bin klein und die Welt ist so gemein! (Opfer-Reim)

Das ist trivial. Doch Wunschdenken ignoriert diese Trivialität: »Ich bestell' jetzt was beim Universum und dann kommt das!« Nein. Eben nicht. Zuerst kommt ein Hindernis. Aber garantiert. Und was mach ich dann? Dann sag ich: »Wusste ich's doch! Das funktioniert nicht! Bei allen anderen schon. Nur bei mir nicht. Sogar dazu bin ich zu blöd.« Wir denken und fühlen alle hin und wieder so. Und wenn wir so denken, können wir uns in unsere Zweifel und Selbstvorwürfe verbeißen – was wir gern und oft machen. Oder wir können uns selbst coachen.

Wenn wir uns dazu entschließen – und es braucht diesen Entschluss und etwas Grundwissen (siehe das Buch, das Sie lesen) –, dann sagen wir uns: »Hör auf, mich zu beschimpfen! Sei gefälligst nett zu mir. Nimm mich in den Arm und dann mach zur Abwechslung mal was Konstruktives: Schau dir genau an, vor welchem Hindernis du stehst!« Das ist aber nett? Nein, das ist nicht bloß »nett«. Das ist das Wichtigste im Leben:

Die wichtigste Fähigkeit im Leben ist die Fähigkeit zur Hindernisbewältigung.

Denn das Leben ist voller Hindernisse. Damit wissen wir gleichzeitig auch, was der Sinn des Lebens ist: Das Leben ist Leichtathletik! Erinnern Sie sich an die Bilder von der letzten Olympiade, auf denen junge Frauen mit flinken Beinen über Hürden sprinten? That's life!

Die Hürdenläuferin

Die Hürdenläuferin klagt nicht: »Oje, so viele Hürden!« Sie überspringt die Hürden. Wie werden Sie Hürdenläuferin? Der erste Schritt ist leicht:

Ein Hindernis taucht auf! Wie reagieren die meisten? Erschrocken, frustriert, enttäuscht, wütend, empört, defätistisch: »Wusste ich's doch! Das ist so gemein!« Sie können sich das mit einem simplen Trick ersparen: Sobald Sie sich ein Ziel setzen, rechnen Sie von vornherein mit Hindernissen!

Die halbe Miete zum Erfolg ist schlicht, schon vor dem Startschuss mit Hindernissen zu rechnen – und sich darauf vorzubereiten. Ich bin in Meetings immer völlig baff, wenn Manager mit mehr als 100 000 Euro Jahresgehalt einen Beschluss fassen – und dann zum nächsten Tagesordnungspunkt übergehen. Manchmal sage ich: »Nicht so schnell! Sie haben eben etwas beschlossen – was wird das erste Hindernis sein, auf das dieser Beschluss in der wirklichen Welt trifft? Und wie wollen Sie es überwinden?« Wenn Sie sich diese Frage nach jeder Zielfassung, jeder Entscheidung und jedem Beschluss stellen könnten, wäre das eine tolle Verbesserung und eine sehr nützliche neue Gewohnheit.

Mit Hindernissen rechnen

Sie haben ein Ziel? Okay. Was werden die ersten fünf Hindernisse sein? Und wie werden Sie sie überwinden?

Das hört sich trivial an – wie alles Geniale. Aber wenn Sie Hindernisse nicht antizipieren (gedanklich vorwegnehmen) und vorab schon eine Hürdenplanung einlegen, wirft Sie jedes kleine Problem aus der Bahn oder zwingt Sie leider oft zur ineffizienten bis ineffektiven Improvisation. Also antizipieren Sie:

Coach yourself

Denken Sie an ein kleines, konkretes Ziel, das Sie bislang nicht (befriedigend) erreichten, zum Beispiel heute Abend joggen gehen, auch wenn Sie das die letzten drei Abende nicht schafften. Sicher sind Sie versucht, zu denken: »Das klappt bestimmt auch heute wieder nicht.« Geschenkt. Jetzt fügen Sie bitte den Gedanken an: »Was wird mich konkret abhalten?« Schreiben Sie es auf. Am besten gleich hier an den Rand. Zweiter Schritt: Schreiben Sie in Stichworten Ihre Hindernisbewältigung dazu.

Was fühlen Sie dabei? Jede Wette: Sie hatten kaum ein Stichwort zur Hindernisbewältigung notiert, da stiegen auch schon die Zweifel in Ihnen hoch: »Ob das hilft? Ich weiß nicht.« Wir erkennen:

Jedes äußere Hindernis geht mit inneren Hindernissen einher – sonst wäre es keines.

Um die inneren Hindernisse (Zweifel, Skepsis, Frust bei Rückschlägen) kümmern wir uns im nächsten Kapitel. Im wirklichen Leben machen Sie das natürlich gleichzeitig. Sie wenden gleichzeitig Instrumente für die innere wie die äußere Hindernisbewältigung an. Wir beginnen lediglich mit der äußeren Bewältigung, weil diese für viele näherliegt. So nahe wie zum Beispiel die Anforderungsanalyse.

Erfasse die Anforderungen!

Wie überwindet man Hindernisse? Eine gute Frage. Vor allem, wenn Sie im Winter den Zündschlüssel drehen und der Wagen nicht anspringt. Was machen die meisten Menschen – nicht nur Frauen –, wenn der Motor nicht brummen will? Sie drehen den Schlüssel und drehen den Schlüssel; sieben, acht, zehn Mal. Natürlich ist das verzweifelt! Es ist aber auch dämlich:

Hindernis? Fragen Sie sich: Was verlangt die Situation von mir? Was genau brauche ich?

Die meisten Menschen denken, auch und gerade wenn der Wagen nicht anspringt: »Oje, es geht nicht mehr voran!« Starke Frauen aber denken: »Was brauche ich, damit es vorangeht?«

Greifen Sie nicht zur erstbesten Hindernisbeseitigung!

Welche Alternativen gibt es?

Natürlich ist frau oft froh, wenn ihr überhaupt eine Möglichkeit zur Hindernisbeseitigung einfällt. Doch bevor Sie dankbar zugreifen und siebzehn Mal den Zündschlüssel vergebens drehen: Überlegen Sie sich Alternativen! Keine gescheite Frau nimmt das einzige Paar Schuhe in ihrer Größe, das der Laden vorrätig hat. Eine Auswahl ist besser. Immer. Also verschaffen Sie sich diese und wägen Sie die Optionen gegeneinander ab. Greifen Sie zur besten!

Coach yourself

Ihnen fallen keine Optionen zur Hindernisbewältigung ein? Dann generieren Sie welche. Mit folgenden Fragen:

- **Welche Option habe ich unwillkürlich schon verworfen?**
- **Was wäre eine völlig verrückte Lösung?**
- **Was ist das Gegenteil meiner bevorzugten Lösung?**
- **Wie haben andere das Hindernis bewältigt?**
- **Was wäre nach »Aussitzen« die leichteste Lösung?**
- **Wenn ich einen Feen-Wunsch frei hätte, wie sähe er aus?**
- **Was würde jemand machen, der sich damit auskennt?**
- **Wie sieht die leichte, unkomplizierte Lösung aus?**
- **Wen könnte ich fragen?**

Frauen opfern sich zu gern

Die letzte Frage hat es in sich: Viele Frauen sind Einzelkämpferinnen, opfern sich für andere auf, wollen alles unter einen Hut bringen und das möglichst im Alleingang.

Beobachten Sie sich: Neigen Sie zu Alleingängen? Achten Sie darauf und aktivieren Sie stattdessen Ihr persönliches Support Team.

Selbst wenn Sie sich »nur« moralische Unterstützung holen: Get all the help that you can get! Kluge Frauen haben ein »stehendes Kompetenzteam«, im Business auch Advisory Board genannt. Leni zum Beispiel sagt: »Ich habe meinen Mentor, meine Klagemauer, meine Mutmacherin, meine Rechtsberaterin …«

7 Versuche

Wer ist der größte Feind einer Frau? Der weibliche Perfektionismus. Nicht immer bekommt frau ihn so schnell ausgetrieben wie beim Sport. Eine Trainerin erzählte mir, dass eine 17-jährige Volleyball-Anfängerin eines Abends schimpfend den Ball in die Ecke pfefferte und laut verkündete, dass sie den Aufschlag von oben »nie« hinbekommen werde. Zufällig kam eine Bundesliga-

Spielerin vorbei, die im benachbarten Hallendrittel trainiert hatte. Sie fragte: »Und wie oft hast du es heute Abend probiert?« – »Bestimmt 20 Mal!« – »Das ist ja lächerlich! Ich habe es jeden Abend 100 Mal probiert, bis ich es halbwegs konnte.« Das scheint eine vernünftige Anleitung zur Hindernisbewältigung zu sein. Vor Hindernissen denken aber viele nicht vernünftig. Sie denken perfektionistisch: »Wenn du es nicht gleich beim ersten Mal perfekt hinbekommst, bist du eine Niete!« Mit dieser unbewussten Überzeugung im Kopf kommt man natürlich nie auf einen grünen Zweig, respektive über die Hindernisse, die einem das Leben in den Weg stellt:

Verkneifen Sie sich vor Hindernissen Ihren Perfektionismus und machen Sie (mindestens) sieben ernst zu nehmende Versuche bevor Sie – nein, immer noch nicht aufgeben – einen zweiten Ansatz wählen und weitere sieben Versuche starten ... Und so weiter.

Erfolgsrezepte

Das ist übrigens ein Erfolgsrezept mit Garantie. Die meisten Menschen haben lediglich nicht »die Kuttel« (schwäbisch für »Ausdauer«), um es durchzuziehen. Da die meisten Frauen darüber hinaus automatisch zu ihren Lieblingslösungen tendieren, noch ein Tipp:

Machen Sie nicht immer das, was Sie immer machen. Denn dann bekommen Sie auch das, was Sie immer bekommen. Versuchen Sie es hin und wieder mit neuen, gern auch »verrückten« Ideen. Mit etwas radikal anderem. Sogar mit dem Gegenteil (die sogenannte Kopfstandmethode)!

Wer schreibt, die bleibt

Ich hatte unlängst die Handwerker im Haus: Die alte Küche musste raus, eine neue rein, inklusive Boden und Wände. Statt der versprochenen vier Tage dauerte die Aktion drei Wochen. Für eine Selbstständige wie mich ist das verheerend: Ich kann meine Kunden vier Tage warten lassen, aber doch nicht drei Wochen! Grund der Verzögerung waren viele Pannen und Mängel, die der Handwerker nach der ganzen Aktion rundweg leugnete, als ich einen

Abschlag vom Endbetrag vorschlug. Hindernis! Wie überwand ich dieses?

Ich bin ja nicht seit gestern auf der Welt! Ich weiß doch, wie so was läuft. Also hatte ich vom ersten dicken Hund an, der den Handwerkern passierte, das Ganze dokumentiert: Gesprächsnotizen, Handy-Bilder von kaputten Böden, die ganze Korrespondenz schön säuberlich abgeheftet. Sobald der Handwerker »Nö, war doch gar nicht so!« sagte, konnte ich ihm ein Dokument präsentieren: »War so! Sehen Sie?« Schöne Nebenwirkung: Wenn den Handwerkern mal wieder ein dicker Hund unterlief, musste ich mich nicht aufregen, sondern dachte ganz gelassen: »Ha! Wieder was für meine Liste!« Es bestätigte sich eine alte Erfahrung:

Was Sie schwarz auf weiß besitzen …

Wenn frau's raushat, macht Hindernislauf sogar Spaß!

Wie alles, was frau gut kann. Und wenn frau es wirklich gut draufhat, was wird sie dann? Dafür gibt es tatsächlich einen Begriff im internationalen Management: Troubleshooter! Frauen sind dank ihrer sozialen Fähigkeiten besonders gut dafür geeignet. Wie werden Sie Troubleshooter? Mit Verlaub: Das ist eine dumme Frage.

Wir leben in einem Universum der Fülle! Schauen Sie sich doch um: Die ganze Welt steckt voller Probleme! Sie können jeden Tag auf eine wahre Fülle von Hindernissen zugreifen! Wenn Sie morgen früh aufwachen, werden Sie keine halbe Stunde warten müssen, bis das erste Hindernis im Tagesablauf auftaucht. Wie nehmen Sie es? Wie könnten Sie es besser nehmen? Wenn Sie sich diese Frage auch nur fünf Mal am Tag stellen, verleihe ich Ihnen spätestens nach sechs Wochen die Troubleshooter-Schärpe, in den Farben der Saison, mit Strass besetzt. Von Meg Whitman, die den erfolglosen Léo Apotheker an der Spitze von *Hewlett-Packard* ablöste, ist der Spruch überliefert: »Hit me with a problem! Make it a good one!« Sie jammert nicht nur nicht über Hindernisse, sie hat nicht nur ihren Spaß daran, sie *fordert* geradezu Hindernisse, weil es so ein tolles Gefühl ist, mit breiten Schwingen über sie drüberzufliegen. Oder wie eine österreichische Managerin ihr persönliches Hindernis-Credo formuliert: »Was auch kommt –

Hit me with a problem!

ich löse es!« Dazu braucht frau die richtige Einstellung (s. Kapitel 1 und 5) und die richtigen Tools (s. hier). Eines dieser Tools ist die Expertenfrage:

Sie treffen auf ein Hindernis? Wie lösen? Fragen Sie die Experten und Expertinnen!

Trivial? Nicht für Frauen. Männer fragen beim Autofahren selten nach dem Weg, Frauen beim Problemlösen nicht. Weil und wenn sie perfektionistische Einzelkämpferinnen sind: »Ich! Allein! Muss alles unter einen Hut bringen! Perfekt!« Vielleicht auch deshalb nicht:

Fragen Sie Experten und Expertinnen – aber hören Sie nicht unbedingt auf sie!

Viele ExpertInnen, viele Meinungen

Es ist gut, viele Meinungen einzuholen. Doch für welche Lösung Sie sich entscheiden, bleibt immer Ihnen überlassen. Wenn man viele Experten fragt, bekommt man aber viele Ratschläge! Guter Einwand:

Behalten Sie den Überblick! Notieren Sie alle Optionen auf einer Liste. Aktualisieren und erweitern Sie diese Liste.

Auch das ist trivial. Das machen aber all diejenigen nicht, die nach einem Fehlschlag sagen: »Wusste ich's doch! Bringt nichts! Das Problem ist unlösbar!« Worauf ich dann als Coachin einwenden muss: »Unlösbar? Weil eine Option (erwartungsgemäß) fehlschlug? Bei fünf weiteren Optionen auf deiner Liste, die du noch ausprobieren könntest?« Darauf sagen die Defätistinnen dann meist: »Welche Liste? Ich habe keine.« Dann erwarten Sie auch bitte nicht, dass Sie über die Hindernisse kommen, die das Leben für Sie in weiser Voraussicht bereithält. Erwarten Sie einfach weiter, dass Ihnen gebratene Tauben in den Mund fliegen und alles immer schon beim ersten Mal gelingt. Sie dürfen das dann auch Altersregression nennen: So denken Menschen im Alter von fünf Jahren.

Denk in Prioritäten!

Eine besonders nützliche Form des eben skizzierten Dokumentationsgebots – auf gut Deutsch: Schreib's auf! Mach 'ne Liste! – ist der Eigenvertrag:

»Hiermit beschließe ich, ________________ (Name einfüllen), dass ich ________________________________ (was auch immer).«

Nehmen Sie sich selbst unter Vertrag!

So ein Eigenvertrag erhöht das Self-Commitment, wie die Fachfrau sagt. Wie soll so ein Vertrag aussehen? Na, hören Sie mal. Sie sind eine erwachsene Frau. Sie wissen, dass hierzulande Vertragsfreiheit herrscht: Nutzen Sie diese Freiheit! Machen Sie den Vertrag, der *Ihnen* nützt! Und ab dafür! Na? Immer noch hier? Wo drückt's denn?

Was sind Ihre Prioritäten?

Viele Seminarteilnehmerinnen und Coachees sagen an dieser Stelle: »Ach, egal was ich mir auch vornehme, ich habe dafür einfach immer viel zu wenig Zeit!« Das Dringliche verdrängt ständig das Wichtige! Geht es uns nicht allen so? Allen? Eben nicht.

Besiegen Sie das Dringliche! Denken Sie in Prioritäten!

Ich weiß, viele Ratgeber wollen Frauen beibringen, öfter mal Nein zu sagen. Ein edles Vorhaben. Als Coachin erfahre ich jedoch täglich, dass das Neinsagen deutlich leichter fällt, wenn Sie auf der Basis von Prioritäten Nein sagen: Unwichtigeres schneller absagen als Wichtigeres. Dann wissen Sie, warum, weshalb und wofür Sie Nein sagen. Prioritäten sind rein gedanklich einfach zu postulieren:

Wenn Sie mal wieder »keine Zeit!« haben, fragen Sie sich: »Was ist dringlich? Und was ist mir wichtig? Was ist mir in diesem Augenblick für mein Leben und meine übergreifenden Ziele wichtiger?«

Wenn das klar ist, dann benötigen Sie »nur noch« die Fähigkeit, *höflich* Nein zu sagen. Eine Coachee hat dazu mal eine sehr kurze und wirksame Formulierung verwendet, die fast schon genial ist: Sie sagen Nein, ohne Nein sagen zu müssen!

Neinsagen, ohne Nein zu sagen: »Mach ich gern, aber jetzt nicht. Ein anderes Mal!«

Die Coachee sagte dazu: »Das verstehen sogar meine drei quengelnden Kleinen – meine zwei Kinder und mein Mann!« Was im Berufsleben gern genommen wird, insbesondere von Führungsfrauen: »Tut mir leid, dafür stehe ich (jetzt) nicht zur Verfügung.« Der Haken daran? Dieser:

Wissen Sie denn, was Ihnen wirklich wichtig ist?

Die meisten Menschen wissen es nicht. Das ist normal für die ersten 20 Jahre des Lebens. Wenn frau es mit 30 immer noch nicht weiß, ist das etwas denkfaul; eine Untugend, die man gemeinhin Männern zuschreibt.

Sie müssen nicht wissen, wohin Sie mit Ihrem Leben wollen. Aber Sie müssen wissen, was Ihnen wirklich wichtig ist.

Wer fragt, die findet Prioritäten

Das findet frau heraus, indem sie darüber nachdenkt. Am besten in und vor ganz konkreten Situationen und Hindernissen im Alltag, zum Beispiel: »Ich sollte eigentlich das Kind ins Freibad fahren, aber ich brauche auch meine täglichen 20 Minuten Yoga! Was ist mir wichtiger?« Gute Frage, spannende Frage. Der springende Punkt: Egal, wie die Antwort auch ausfällt – nur wer fragt, findet ihre Prioritäten.

Fokussier dich!

Was heißt »fokussieren«? Ein schönes Modewort, das auf gut Deutsch bedeutet: Bündle all deine Ressourcen auf ein Ziel, einen Brennpunkt (lateinisch: focus) deiner Bemühungen. Frauen können das nicht oft wirklich gut.

Frau verzettelt sich

Frauen können alles, sehen alles, machen alles, helfen jedem, erledigen ein Dutzend Dinge gleichzeitig – und verzetteln sich hoffnungslos dabei, vor allem in ihrer Rollenvielfalt: Vorgesetzte, Mutter, Partnerin, Tochter, Schwiegertochter ... Das ist weiblich und schön und nützlich und hält die Welt zusammen. Machen Sie das ruhig weiter so! Verzetteln Sie sich gerne 23 Stunden am Tag. Aber in der 24. Stunde fokussieren Sie Ihre ganze Aufmerksamkeit, Kraft, Kreativität, Beharrlichkeit und Problemlösefähigkeit auf ein und nur ein Ziel, möglichst eines aus Ihrer Ich-Rolle. Und dann wundern Sie sich, wie schnell und leicht das plötzlich vorangeht.

Sie müssen nicht hundertprozentig fokussieren. Es hilft schon, wenn Sie auch nur zehn Prozent Ihrer Aufmerksamkeit von Unwichtigem abziehen und kurzfristig auf Wichtiges fokussieren.

Mich rufen täglich Coaching-Interessenten an. Wenn ich sie alle annehmen würde, aber gleichzeitig die Handwerker im Haus habe, die 4000 Euro von mir wollen, wovon ich lediglich 2000 bezahlen möchte und werde, dann trete ich mir selbst in den Allerwertesten und sage mir: Nix da! Verzettele dich nicht! Vertröste drei der sechs von heute auf später und konzentrier' dich gefälligst auf die Top-Priorität des Tages!

Atomisiere Ziele und Hindernisse!

Ann-Katrin, 28, hat sich mit edler Lingerie im Einzelhandel selbstständig gemacht. Doch seit vier Jahren bewegt sich der Laden weder vor noch zurück. Er lohnt sich nicht wirklich. Sie ist zwischen Unternehmensführung und Familienmanagement (zwei Kinder) hin- und hergerissen. Deshalb will sie den Laden an einen Handelskonzern verkaufen. Ich frage sie, wie es vorangeht. Sie sagt: »Hmpf, ich glaube, die sind nicht so begeistert. Das klappt wohl nicht.« Ach Ann-Katrin, Mädel!

Klappt nicht gibt's nicht!

Was ist »klappt wohl nicht«? Richtig: Das ist viel zu pauschal! Was konkret ist das Hindernis? »Dass ich nicht weiß, was genau die von mir wollen!« Na, das ist doch schon klarer, transparenter (s. Kapitel 2) – aber unhandlich:

Sie können keine Hausmauer überspringen! Nicht am Stück. Aber jeden Ziegelstein einzeln. Also zerlegen Sie die Hausmauer!

Woran merkt Ann-Katrin denn, dass sie nicht weiß, was die von ihr wollen? Sie sagt: »Die wollen Daten und Unterlagen von mir. Was mein OTC-Umsatz und mein Online-Umsatz sind, den Unternehmenswert – und ich weiß nicht, was OTC ist, bin nicht online und kenne doch meinen Unternehmenswert nicht! Woher auch!« Ann-Katrin ist schlauer, als sie denkt:

Jammern Sie so exakt und konkret wie möglich – und Sie erhalten Ihre »Ziegelsteinliste«: Das große Hindernis zerlegt sich in viele kleine, handhabbare Hindernisse.

Mit dieser Liste kann Ann-Katrin ans Werk gehen: OTC lässt sich googeln (Over the counter), Online-Handel macht sie nicht und zum Unternehmenswert befragt sie ihren Steuerberater – wie beim Stricken auch: Immer schön eine Masche nach der anderen. So wird ein Pulli draus!

Wann immer Ihnen etwas schwerfällt: Es liegt nicht an Ihrem Mut oder Ihren Fähigkeiten! Es liegt an der Aufgabe. Sie ist nicht richtig strukturiert. Atomisieren Sie sie!

Leben Sie das Leben scheibchenweise!

Denken Sie an den leckeren Brie: Niemand isst ihn am Stück, sondern scheibchenweise.

Der beste Tipp: Mach!

Was ist das Wichtigste beim Hindernislauf? Vom Denken ins Machen zu kommen. Vor einiger Zeit traf ich eine Krankenschwester, die mir sagte: »Mein Job käst mich so an! Ich wollte eigentlich immer Rechtsanwältin werden. Aber meine Eltern schickten mich auf die Realschule. Und jetzt die Kinder.« Das sagte sie jahrein, jahraus. Natürlich hätte ich mit ihr auch an ihrer Einstellung arbeiten können (s. Kapitel 1 und 5). Aber oft hilft schon eine simple Binse:

Du willst was? Dann mach was!

Was machen? Ganz gleich, was! Hauptsache zielführend! Deshalb sagte ich ihr: »Hausaufgabe: Googeln und fragen Sie rum, wie Sie jetzt, mit Realschulabschluss und zwei Kindern noch Rechtsanwältin werden können.« Das ist ein kleiner Schritt. Aber: Frau muss ihn machen. Und wenn frau sich das Prinzip »Machen!« erst mal angewöhnt hat, kommt sie leichter und schneller aus der Jammerfalle raus. Außerdem bewegt sie dann auch was: Wer macht, bewegt. Also mach! Aber das ist alles so schwierig und blöd? Auch dagegen ist ein Kraut gewachsen:

Machen Sie was! Aber auf eine für Sie stimmige Art und Weise.

Ann-Katrin zum Beispiel hätte gut und gern ihren Lingerie-Laden verkaufen können, wenn sie dafür einen speziellen Berater eingeschaltet hätte. Sie sagte jedoch: »Ich muss zwar verkaufen. Aber mit Berater? Nein, ich mache das auf meine Art und Weise.« Wenn Sie also nicht zügig genug ans Ziel kommen: Ändern Sie weder das Ziel noch das Vorhaben, sondern lediglich die Art und Weise der Umsetzung.

Hindernis? Aufgabe!

Ich kenne keine schwachen Frauen. Vielleicht *fühlen* Sie sich manchmal so. Aber Sie *sind* es nicht. Wenn Sie sich so fühlen, dann selbstcoachen Sie sich doch mal mit der Frage: Bin ich schwach oder einfach bloß verpeilt? Es ist immer das Letztere, da wette ich mit Ihnen.

Verpeilt, nicht schwach

Wenn Frauen vor Hindernissen in die Knie gehen, dann fast immer nicht aus Schwäche, sondern weil sie falsch an das Hindernis rangehen:

- Sie bearbeiten das ganze große Hindernis (essen den Brie auf einen Happen).
- Sie verzetteln sich an vielen Hindernissen und Projekten (statt zu priorisieren und zu fokussieren).
- Sie machen es »aus dem Bauch« (statt von der Liste).
- Sie starten viel zu wenige Versuche.

- Sie sind sich der realen Anforderungen der Situation nicht bewusst.
- Sie analysieren zu lange, anstatt auch mal zu handeln.

Wie Sie diese Verpeilungen beseitigen, haben Sie in diesem Kapitel erfahren. Diese Beseitigung hat nichts mit der Beseitigung von Schwächen und viel mit reiner Selbstorganisation zu tun. Die gut organisierte Frau überwindet jedes überwindbare Hindernis.

Bau dich auf!

5

»Wir trainieren Bauch, Beine, Po.
Trainieren wir auch die innere Stärke?«
JANE FONDA

Geh dir selbst aus dem Weg!

Was wünschen Sie sich vom Leben, vom Beruf, von Beziehung und Familie? Was wünschen Sie sich in Bezug auf sich selbst, Ihre Persönlichkeit, Ihren Charakter und Ihre Authentizität? Und warum haben Sie es noch nicht erreicht?

Worauf warten Sie?

Zwei imögliche Erklärungen: Sie warten darauf, dass Leben, Beruf, Beziehung und Familie endlich liefern und sich Ihre Persönlichkeit von selbst entfaltet. Ja? Nein. Ich bin sicher, dass keine Frau, die auf dieser Buchseite angelangt ist, dieser Illusion der totalen Entantwortung erliegt. Bleibt die andere Erklärung: Sie kennen Ihre Wünsche und Sehnsüchte. Sie wissen auch, wie Sie diese wahrmachen können. Denn Sie kennen die wichtigsten Instrumente (s. Kapitel 4), um Hindernisse auf dem Weg zur Zielerreichung zu beseitigen. Sie *wissen*, was zu tun ist. Aber, lassen Sie mich raten, Sie *machen* das nicht oft oder intensiv genug. Die beiden Harvard-Professoren Jeffrey Pfeffer und Robert I. Sutton nennen das »The Knowing-Doing Gap«: Man/frau *weiß* meist mehr, als man/frau *macht*. Sie stecken auch in dieser Lücke? Wie geht es Ihnen damit?

Sie stecken in der »Knowing-Doing Gap«? Bitte moderat Selbstvorwürfe pflegen und dann: Raus aus der Lücke!

Wie kommen Sie raus aus der Lücke? Indem Sie einen Zusammenhang erkennen:

Es gibt externe Hindernisse (s. Kapitel 4). Und es gibt interne. Die internen sind weitaus bedeutsamer als die externen.

»Ach hätt' ich nur ...!«

Wir wissen das. Wir sagen und denken das auch öfter, zum Beispiel:

- »Ja, ich weiß, ich hätte mich wehren müssen, aber ich habe mal wieder den Mund nicht aufbekommen.«
- »Ja, ich weiß, ich hätte den Mund halten müssen, aber ich konnte es mal wieder nicht.«
- »Ja, ich weiß, ich sollte ... [füllen Sie nach Belieben aus], aber ich komme einfach nicht dazu/traue mich nicht/habe das nicht drauf.«

Coach yourself

Was wissen Sie gut genug, machen es aber nicht oft oder intensiv genug? Notieren Sie es. Bitte in der folgenden Form:

- **Ich weiß, dass ich ______________________________,**
  aber ich ______________________________
  ____
- **Ich weiß, dass ich ______________________________,**
  aber ich ______________________________
  ____
- **Ich weiß, dass ich ______________________________,**
  aber ich ______________________________
  ____

Bitte versuchen Sie, diese kleine Übung so weit wie möglich ohne Selbstvorwürfe zu machen! Stellen Sie sich lieber die Frage: Was sagt man gemeinhin über eine Frau, die klug genug ist, jede Menge zu wissen, die dieses Wissen aber nicht ausreichend anwendet? Man sagt: »Sie kann das doch! Sie traut sich bloß nicht.« Oder: »Sie steht sich selbst im Weg.« Wie Yoga oder Tai-Chi, ein typischer Frauensport. Auch ich betreibe ihn. Sogar alpin.

Obwohl ich schon als Kind in den Bergen herumkraxelte, erwischte es mich erst jüngst zum ersten Mal bei einer Bergtour: Buchstäblich aus heiterem Himmel heraus plötzlich Regen, Blitzschlag und Nebel mit Sicht unter 50 Metern. Ich konnte nicht mal bis zur nächsten Wegmarkierung sehen. Ich stand buchstäblich wie vom Donner gerührt und hatte Panik. Ich weiß nämlich, wie viele Menschen jedes Jahr bei Schlagwettern ums Leben kommen. Ich wollte nicht dazugehören! Ich bin doch noch so jung! Ich griff mir an den Kopf: Was waren denn das für Gedanken?

Wissen + Trauen = Handeln

Ich stand mir selbst im Weg: Ich hatte gute Schutzkleidung dabei und wusste genau, wie man sich bei Schlagwetter zu verhalten hat. Ich besaß alle Schlüssel zur Hindernisbewältigung (s. Kapitel 4). Aber statt sie in die Hand zu nehmen, verfiel ich in Panik.

Panik, Angst, Zweifel, Skepsis, Defätismus oder Pessimismus beruhen nie auf Tatsachen, sondern auf einer einseitigen Wahrnehmung: Sie sehen mal wieder nur eine Seite der Medaille. Blenden Sie die andere wieder ein!

Handeln beginnt mit Wahrnehmung

Lenken Sie Ihre Aufmerksamkeit von den eigenen Schwächen und der Katastrophisierung weg auf die eigenen Fähigkeiten und Möglichkeiten. Wie gut, dass ich damals in den Bergen meine innere Coachin dabeihatte und auf sie hörte: »Natürlich ist die Situation gefährlich und natürlich hast du Angst – alles andere wäre ja auch unmenschlich! Und jetzt bitte wieder einblenden: Du kennst das doch! Opa hat oft genug davon erzählt. Du weißt, was zu tun ist. Du hast gute Kleidung dabei. Du wirst weder erfrieren noch verhungern. Also ruhig Blut! Nicht Schlagwetter töten Menschen, sondern Panik. Konzentrier' dich nicht auf das Wetter, sondern auf den Weg und beweg' dich langsam bis zum nächsten Unterschlupf!« Und genau so machte ich es: Ich ging mir selbst aus dem Weg und entkam so meiner Knowing-Doing Gap.

Coach yourself

Gehen Sie sich selbst aus dem Weg! Nehmen Sie Hindernisse, miese Gefühle und eigene Schwächen mit den üblichen internen Kommentaren, Selbstvorwürfen und Dramatisierungen wahr. Dann lenken Sie Ihre Wahrnehmung mit der Autorität der inneren Er-

wachsenen auf Ihre Fähigkeiten, Stärken und Optionen: »Was kann ich in dieser Situation tun? Und was davon mache ich jetzt?«

Das ist wieder so trivial! Es wird vor Hindernissen aber konsequent nicht gemacht. Woran Sie das merken? Sie merken das jedes Mal, wenn wieder jemand nach einer misslungenen Hindernisbewältigung plötzlich erkennt, was er oder sie hätte tun können: »Das war doch im Grunde einfach! Warum bin ich nicht vorher darauf gekommen?« Weil Sie vorher das Kaninchen vor der Schlange waren: Sie haben nur auf das Hindernis und Ihre Schwächen gestarrt. Sie sind aber kein Kaninchen! Genauso wenig wie jede Tennisspielerin.

Was Tennisspielerinnen wissen

Die Wahrnehmung auf eigene Stärken und Optionen lenken? Wenn Sie das tatsächlich machen, was passiert dann in Ihnen? Vielen gelingt es zwar, die Aufmerksamkeit auf ihre Stärken und Optionen zu lenken. Doch dabei denken und fühlen sie: »Oje, das reicht nicht, das ist nicht gut genug!« Kennen Sie das? Das kennt jede. Und dann? Dann verkneifen Sie sich die übliche Kritik und die innere Rumzickerei und sagen sich das, was eine Spitzentennisspielerin in einem Interview einmal so ausdrückte: »Natürlich kann die nächste Rückhand auch ins Aus gehen und ich blamier' mich. Aber wenn ich mich auf die Blamage konzentriere, spiele ich schlechter. Also konzentriere ich mich auf meinen Schwung und die Stelle, wo der Ball ins Feld muss – dann spiele ich besser.«

Egal wie gering Ihnen erscheint, was Sie vor einem Hindernis tun können: Just do it! Selbst das Geringste ist besser als Jammern und Nichtstun. Außerdem gibt es noch die Hebelwirkung: kleiner Unterschied – große Wirkung. Also ran!

Viele Frauen folgen der Empfehlung zum tätigen Handeln – oder würden ihr gern folgen, wenn da nicht etwas dazwischenkommen würde. Nämlich Gefühle. Franka zum Beispiel sagt: »Ich muss endlich mit meinem Partner über die Arbeitsteilung im Haushalt reden. Ich weiß, wie man das macht. Herrje, ich bin Führungskraft und sozusagen Kommunikationsexpertin! Und trotzdem – trotzdem! – fühlt sich das irgendwie sooo scheiße an!« Danke, Franka, für das offene Wort. Auch Susan Jeffers, amerikanische Bestseller-Autorin, kennt das Problem. Sie prägte einen Spruch, der alle Erkenntnisse der Menschheit zu miesen Gefühlen vom Buddhismus bis zur Acceptance and Commitment Therapy (ACT) in einem Satz zusammenfasst: »Feel the fear and do it anyway!"

Gefühle akzeptieren

Ersetzen Sie »Furcht« durch jedes andere unangenehme Gefühl vor einem Hindernis – auch Frankas »Scheißgefühl« – und Sie haben ein Universalrezept für emotionale Intelligenz und die Fähigkeit, sich selbst am Schopf aus dem Sumpf der miesen Gefühle zu ziehen. Franka kann das blöde Gefühl vor ihrem Gespräch mit dem Partner zwar mit gutem Zureden verringern, aber nicht komplett loswerden – sie sollte das deshalb auch nicht versuchen. Das kostet nur Kraft und Zeit und bringt nichts. Stattdessen akzeptiert sie das Gefühl, nimmt es vorurteilsfrei und wertschätzend wahr (wodurch es sich verringert), geht mit dem Rest des Gefühls in das leidige Gespräch – und überwindet mit dem internen auch das externe Hindernis.

Nehmen Sie Ihre Gefühle wahr, würdigen Sie sie – und machen Sie das, was zu tun ist, nicht trotz, sondern mit allen Gefühlen, den guten wie den weniger guten.

Warten Sie nicht, bis Sie »besser drauf« sind. Nicht länger als einen Tag. Machen Sie's einfach mit miesem Gefühl. Aber mit miesem Gefühl liefern Sie ein mieses Ergebnis ab? Das ist eine Angst, keine Tatsache. Beobachten Sie das mal: Meist liefern wir auch mit miesem Gefühl gute Ergebnisse, oft sogar bessere als sonst – weil wir uns mehr anstrengen. Oder wie Roselinde sagt: »Ich kann auch mit miesem Gefühl den Müll runtertragen: Den Müll juckt das nicht. Und mich inzwischen auch nicht mehr.« Das isses!

Gefühle fühlen – nicht blind folgen!

Gefühle sind wichtig. Aber wenn Sie zu fühlen glauben, dass bestimmte Gefühle Sie vom Handeln abhalten, ist das ein tragischer Irrtum, ein hinderlicher Glaubenssatz (s. Kapitel 1). Gefühle wollen Sie nicht *behindern*! Sie wollen *gefühlt* werden – deshalb heißen sie so. Manchmal wollen sie auch gefragt werden, zum Beispiel: »Warum um Himmels willen tust du mir das an?«

Warum tust du dir das an?

Lori, 36, Abteilungsleiterin in einem Konzern, kommt ins Coaching mit dem perfekten Beispiel für dieses Kapitel: Sie kann ihre Situation punktgenau einschätzen, aber nicht ändern. Sie ist gut in ihrem Job. Weil sie so gut ist, wurde ihr zusätzlich zur Leitung ihrer eigenen Abteilung auch die stellvertretende Leitung einer Nachbarabteilung übertragen. Sind in der Nachbarabteilung etwa nur Nieten? Finden die in ihrer eigenen Abteilung denn keinen geeigneten Stellvertreter?

Lori ist schon mit ihrer eigenen Abteilung gut beschäftigt, managt auch noch die zweite und weil das so gut läuft, will die Geschäftsführung ihr noch eine weitere Stellvertretung übertragen! Lori ist völlig fertig, total überarbeitet, weil bei ihren »Nebenjobs« ihr Tagesgeschäft ziemlich untergeht. Sie sagt: »Ich komme mir vor wie bei einem Waldbrand! Kaum habe ich vorn ein Feuer ausgetreten, lodert es hinten wieder!« Das geht vielen engagierten Frauen so.

Nur die Guten brennen aus

So ist Lori: begabt, kompetent, motiviert, schuftet für zwei, pflegt die kranke Mutter an drei Tagen der Woche und hat demnächst einen Burnout, kriegt Depressionen oder verliert ihren Beziehungspartner, weil dieser eigentlich Partner sein möchte und nicht Physio- und Psychotherapeut einer Burnout-Kandidatin am Rande des Nervenzusammenbruchs! Den Konzernvorstand juckt das alles nicht. Er erwartet, dass man auch noch abends um acht brav in die Vorstandsmeetings trabt und dass die Aufgaben, die er abends dort verteilt, am anderen Tag erledigt sind. Lori hat keine Kinder, aber nicht mal sie schafft dieses Wahnsinnspensum. Und das ist noch nicht mal das Schlimmste. Das Schlimmste ist: Die beiden Kollegen, die sie in der Abteilungsleitung vertritt, ziehen karrieremäßig lässig an ihr vorbei, weil die beiden sich um strategische Projekte kümmern und sich beim Vorstand einschmeicheln, während Lori deren Tagesarbeit erledigt und die Abteilungen der beiden Karrieristen schmeißt. Dabei kriegt sie nicht einen kümmerlichen, jämmerlichen Cent zusätzlich dafür! Ist ja auch logisch: Sklaven werden nicht bezahlt. Lori weiß, dass sie sich mit ihrem Verhalten keinen Gefallen tut. Was tut sie dagegen?

Sie sagt: »Ich jammere, ich meckere, ich schimpfe, mir platzt jede Woche einmal der Kragen, ich heule mich bei meinem Freund aus – aber ich rede nicht mit dem Vorstand, verlange nicht mehr Geld und sage ihm auch nicht, dass er die dritte stellvertretende Abteilungsleitung vergessen soll!« Perfekte Analyse: Sie weiß alles. Sie tut's bloß nicht! »Das sollte auf meinem Grabstein stehen!«, sagt sie mit Galgenhumor. Ich schlage ihr vor, nicht so lange zu warten:

Wir wissen alles, tun's bloß nicht

Wenn Sie sich mal wieder selbst im Wege stehen, fragen Sie sich: »Warum tu' ich mir das an?«

Bitte nicht als rhetorische Frage missverstehen! Wie Lori. Ich muss die Frage zweimal wiederholen, bis sie merkt, dass es mir ernst ist. Dann zieht sie die Unterlippe zwischen die Zähne und denkt nach. Schon irre, oder? Da stellen wir uns oft jahrelang selbst ein Bein und wissen in der Regel nicht einmal, warum (diesem Phänomen verdanken wir übrigens die sogenannte Schematherapie). Lori kommt sich nach einigen Minuten scharfen Nachdenkens selbst auf die Schliche: »Ich tu' mir das an, weil ich sonst keine Perspektive habe!« Prima! Wenn man erst mal den Grund eines Selbstsabotage-Schemas kennt, kann man an diesem meist nur pseudo-logischen Grund auch arbeiten. Lori fällt noch ein Grund ein: »Und weil ich schon gern mal eine dieser Elite-Abteilungen, wenn auch nur stellvertretend, leiten möchte.« Okay, jetzt ist es raus, jetzt scheint das Tageslicht darauf, jetzt kann man damit arbeiten. Ich nehme mir die erste von Loris Selbstsabotage-Strategien vor: »Keine andere Perspektive? Bei Ihrer Kompetenz und Erfahrung? Das ist Unfug. Also bitte: Nennen Sie mir mindestens zwei alternative Perspektiven!« Lori überlegt, findet welche – und kann nach Jahren zum ersten Mal ihre hinderliche »Ich habe keine andere Perspektive!«-Einstellung aufgeben. Weil sie eine andere gefunden hat.

Wenn interne Hindernisse Sie aufhalten, fragen Sie sich doch mal, warum Sie sich das antun. Nehmen Sie die Antwort auf diese Frage ernst und arbeiten Sie damit so lange, bis Sie eine andere Antwort finden.

Was wir gerade machen, ist im Prinzip schlicht Eigenmotivation: sich am eigenen Haar aus dem Sumpf ziehen. Das verstehen Frauen. Deshalb ist eine der häufigsten Fragen, die ich in Seminaren und Coachings höre: »Sagen Sie mal, Frau Dr. Topf, wie motivieren Sie sich eigentlich selbst?«

So motivierst du dich

Nehmen wir zum Beispiel den Euro: Ich habe mich zu Beginn der Euro-Krise ganz schön erschrocken. Ich sagte mir: »Du musst etwas unternehmen, damit das bisschen auf der hohen Kante nicht demnächst futsch ist, wenn der Euro kaputtgeht!« Aber wir wissen ja, wie das mit der Du-musst-Motivation ist. Das ist bei mir nicht anders als bei Ihnen: Von *müssen* allein lasse ich mich nur selten motivieren. Ich muss ja so viel! Und ich *müsste* noch viel mehr! Besser funktionieren für mich visuelle Motivatoren: Ich habe mir zum Beispiel einen Artikel der *Süddeutschen Zeitung* zur Euro-Krise auf den Schreibtisch gelegt. Nur wenn ich so eine Aufgabe ständig vor Augen habe, überwinde ich meine internen Handlungshindernisse, den sogenannten inneren Schweinehund.

Mode ist individuell – Motivation ist individueller

»Ich benutze auch visuelle Marker!«, sagte daraufhin mal eine Seminarteilnehmerin. »Alles Wichtige hänge ich sofort an unser Pinbrett im Flur!« Und was hängt da alles schon neben Schlüsseln, Öffnungszeiten von Bibliotheken und den nächsten Arztterminen? Genau das habe ich nicht gemeint: Bitte Rezepte nicht blind abkupfern! Was mich motiviert, muss deshalb noch lange nicht Sie motivieren. Nicht blind kopieren, sondern individuell anpassen. Das Pinbrett im Flur funktioniert zum Beispiel nur selten. Da hängt einfach zu viel dran, weshalb vieles ungesehen untergeht. Außerdem funktioniert es nicht bei Haptikern.

Haptiker schauen ungern. Sie *fühlen* lieber. Also legen sie sich eher einen Kiesel oder eine Kastanie in die Hosentasche, um sich an etwas zu erinnern. Sie sehen: Was Sie motiviert, hängt allein von Ihnen ab. Und je besser Sie sich kennen, desto besser können Sie sich motivieren: Nosce te ipsum ...! Das nützt bei Ihnen alles nichts? Es gibt Hindernisse, vor denen Sie immer noch in die Knie gehen? Dann könnte es sich um eine Killer-Einstellung handeln.

Killer-Einstellungen

Eines der häufigsten Gefühle vor Hindernissen ist – was raten Sie? Richtig: Das Herz rutscht in die Kniekehle, Hoffnungs- und Hilflosigkeit kriecht in alle Knochen und frau denkt sich: »Uff, das schaffe ich nicht!« Das ist eine Killer-Einstellung, weil sie zu Passivität, ja Hilflosigkeit, höchstens noch zu halbherzigen Versuchen führt.

Nehmen Sie Killer-Einstellungen ernst. Fragen Sie sich: »Warum glaube ich das?«

Gefühle sind Gedanken

Wer seine eigene Hindernis-Geschichte betrachtet, kommt schnell auf den Trichter: Wir fühlen uns vor (bestimmten) Hindernissen nicht schwach, weil das Hindernis so hoch ist, sondern weil wir Zeit, Fähigkeiten und Aufwand für die Hindernisbewältigung *über*schätzen und unsere Erfahrung, Kompetenz und Intelligenz *unter*schätzen. Diese Pessimisten-Disparität bemerken viele aber jahrelang nicht, weil sie unbewusst ist und wir nicht darüber reflektieren: Wir glauben wirklich, dass wir faktisch zu schwach für ein bestimmtes Hindernis seien – dabei bilden wir uns das bloß ein, weil wir die Tatsachen verzerrt wahrnehmen (oder ein zu geringes Selbstwertgefühl haben, s. Kapitel 1). Schade eigentlich, dass so wichtige Fähigkeiten wie Selbstreflexion und die realistische Einschätzung der Wirklichkeit selten im Elternhaus oder in der Schule geübt werden. Erst wenn frau nach einem bewältigten Hindernis in die Reflexion geht, kann sie die Fehleinschätzung aufdecken, indem sie sich fragt: »War das *ex post betrachtet* wirklich so schwer, aufwendig, langwierig, komplex oder unangenehm wie ich *ex ante annahm*? Nein? Warum verschätze ich mich dann vor bestimmten Hindernissen so oft und stark?« Gute Fragen.

Tatsache? Nein, Einstellung!

Wer ihnen nachgeht, also reflektiert, findet vielleicht heraus, was Sarah herausfand: »Ich verwechsle oft Betroffenheit und Erfolgsdruck mit Zeitaufwand. Kommt ein Hindernis, bin ich erst mal so betroffen, dass ich automatisch denke: ›Dafür hab ich nicht auch noch Zeit!‹ Doch rechne ich hinterher den Zeit- oder den Arbeitsaufwand zusammen, ist der viel kleiner als vorab gedacht. Meine Betroffenheit beeinträchtigt meine Aufwandsschätzung.« Gut gemacht, Sarah! So selbstcoacht frau sich aus Killer-Einstellungen heraus. Aber woher weiß Sarah denn, dass sie Betroffenheit mit Zeitaufwand verwechselt?

Kommen Sie Ihren Killer-Einstellungen auf die Schliche: Wechseln Sie die Perspektive! Formulieren Sie Ihre Frage an sich in der zweiten Person: »Was denkst du dir denn wieder?« Oder in der dritten Person: »Welche Einstellung macht ihr gerade das Leben schwer?«

Schauen Sie sich selbst über die Schulter!

Diesen Positionswechsel nehmen viele Frauen ganz automatisch ein: Sie schauen sich quasi selbst zu, selbst über die Schulter. Das sollte man können. Und wie kann man das? Indem man es übt. Angefangen bei möglichst einfachen Dingen des Alltags: Was machst du wieder? Was denkst du gerade? Dieser Positionswechsel ist ein zentrales Element der Selbstreflexion, die wiederum Killer-Einstellungen entlarvt. Und wenn Sie sie entlarvt haben, ersetzen Sie Killer-Einstellungen durch konstruktive Einstellungen. Wie das geht? Dazu kommen wir jetzt.

Wut ist besser als Zweifel

Eine gute Freundin, beruflich erfolgreich, periodisch Single, sagte mir mal: »Ich sehne mich eigentlich nur dann nach Mann, Eigenheim und Kindern, wenn ich mich mies fühle!« Ich erwiderte das Naheliegende: »Du brauchst Mann, Eigenheim und Kinder also bloß, um dich besser zu fühlen? Das muss doch mit weniger Aufwand zu haben sein!« Das ist das zentrale Prinzip der Einstellungspflege:

Warten Sie nicht, bis die Zeiten oder die Umstände besser werden! Oder bis Sie »besser drauf« sind, sprich eine konstruktive Einstellung von selbst kommt. Suchen Sie aktiv eine bessere Einstellung! Bringen Sie sich selbst in Stimmung!

Wie? Sie haben doch einen Fernseher. Schalten Sie den mal ein, Sportkanal, und schauen Sie irgendeine Sportart. Wenn eine Spielerin 0:2 hinten liegt, dann wartet sie nicht, bis sie »besser drauf« ist – denn bis dahin ist das Spiel zu Ende! Deshalb bringt sie sich selbst in Stimmung. Hic et nunc. Sie ballt die Faust, schnaubt Luft durch die Nase, stampft mit dem Fuß, ruft sich selbst »Come on!« zu. So macht frau das im Sport – und im wirklichen Leben.

Hindernis? Bringen Sie sich erst mal in Stimmung!

Wir sollten das Leben nicht mit Sex verwechseln: Im wirklichen Leben müssen wir uns selbst in Stimmung bringen – weil es keine(r) sonst für uns tut!

Coach yourself

Was sagen Sie sich, wenn Ihnen vor einem Hindernis das Herz in die Kniekehle rutscht? Welche Gedanken bringen Sie in eine konstruktive, zuversichtliche, tatkräftige Stimmung? Probieren Sie verschiedene Gedanken aus. Sagen Sie sie in Gedanken, laut oder leise. Beobachten Sie Ihre Gefühle: Wie wirkt das? Suchen, wählen und adaptieren Sie ausgesuchte Sätze so lange, bis sie passen. Zwei, drei Gedanken sind besser als einer. Tragen Sie diese Gedanken ständig als Erinnerungsstütze bei sich (Handtasche, Handy, Tablet, ...).

Ich habe mal einige dieser Self-Supporting Sentences während Coachings und Seminaren gesammelt. Wie immer gilt: Inspirieren lassen, nicht abkupfern. Passen Sie einen Gedanken so lange an, bis er zu Ihnen passt. Bei der Mode tragen Sie ja auch nicht alles, was man Ihnen unter die Nase hält!

Power-Einstellungen

- »Damit werde ich auch noch fertig!«
- »Das ist nicht so schwierig, wie es aussieht.«
- »Okay, ich habe Angst – aber Angst aktiviert!«
- »Nichts wird so heiß gegessen, wie es gekocht wird.«

- »Einsatz wird belohnt!«
- »Ich schaffe das, wenn ich mich voll reinhänge.«
- »Ich bleibe so lange dran, bis das hinhaut!«
- »Andere haben das doch auch gepackt!«
- »Ich konzentriere mich auf die Aufgabe und nicht auf das Ergebnis!«
- »So was Ähnliches hab ich doch schon mal geschafft!«
- »Warum macht ihr solchen Wind? Lasst mich in Ruhe arbeiten!«
- »Ich bin vielleicht nicht besonders helle – aber ich bin ein Terrier: Ich beiß mich fest!«
- »Ihr wollt mich aufhalten? Probiert das mal! Ich bin der Güterzug!«
- »Ist mir doch egal, was ihr dabei denkt. Ich zieh' das jetzt durch!«
- »Ich tu's für den wichtigsten, liebsten und besten Menschen in meinem Leben. Für mich.«
- »Das ist mein gutes Recht und auf diesem Recht bestehe ich!«
- »Was jucken mich Fehler? Ich mache das so lange, bis es gelingt!«
- »Ihr lacht über mich? Euer Problem, nicht meines. Wenn ich über das Hindernis drüber bin, lache ich über euch!«
- »Was kann ich dabei lernen?«

Praktizieren geht über Studieren

Was gefunden? Adaptiert? Womit also bauen Sie sich künftig vor Hindernissen auf? Das Tolle an solchen Gedanken ist: Wir wissen genau, dass wir nicht wirklich hundertprozentig an sie glauben. Doch schon der bloße Gedanke baut uns irgendwie auf. Und je öfter wir uns unseren Aufbau-Spruch gedanklich, leise oder halblaut vorsagen, desto stärker wirkt er. Das ist der Mantra-Effekt! Wer *glaubt* schon an »Ommmm!« – und trotzdem wirkt es. Die Wirkung solcher Mantren und Push-up-Sätze kommt nicht vom Glauben, sondern vom Praktizieren. Praktizieren Sie! Just do it!

Solche Sätze setzen bei unseren Gedanken an. Wenn Sie möchten, können Sie alternativ oder ergänzend auch bei Ihren Gefühlen ansetzen:

Was fühlen Sie (vor einem Hindernis)? Nehmen Sie das nächsthöhere Gefühl.

Viele fühlen vor Hindernissen Angst. Was wäre das nächsttiefere Gefühl? Frust, Verzweiflung, Panik, Hoffnungslosigkeit ... Take your pick! Nein, picken Sie sich lieber etwas Motivierendes raus (wenn Ihre Angst Sie nicht gerade aktiviert): Wut zum Beispiel. Oder Empörung. Entrüstung. Zorn. Verletzung. Warten Sie nicht, bis Sie wütend *werden*. Das wird man nämlich selten, wenn man im Stress vor einem Hindernis steht und sich klein und mies fühlt. Nein, *machen* Sie sich wütend. Nadja zum Beispiel sagt sich auf eine Mobbing-Attacke der lieben Kolleginnen hin: »Du lässt dir das gefallen? Nie im Leben! Jetzt können die aber was erleben! Denen mache ich derart Dampf unter dem Hintern, dass ihnen das Toupet wegfliegt!« Damit heizt sie sich selbst ein – und es funktioniert! Probieren Sie es!

Wut ist besser als Angst. Angst macht passiv, Wut aktiviert.

Gefühle nicht von außen diktieren lassen

Wieder hört sich das unheimlich trivial an. Die meisten Menschen machen das aber nicht. Warum nicht? Weil ihr Gefühlsleben ganz unbewusst außengesteuert ist: Scheint die Sonne, sind sie fröhlich. Ist der Chef nett zu Nadja, freut sie sich. Macht der Partner, was er soll, fühlt sie sich gut. Mobbt die Kollegin, fühlt sie sich hilflos und klein. Herzlichen Dank auch! Dieser affektive Kniesehnenreflex ist in unserer Kultur so selbstverständlich, dass wir nicht merken, wie wir dabei unsere Authentizität für ein paar Silberlinge verhökern, sprich unsere ureigenen Gefühle komplett abhängig machen von äußeren Umständen und anderen Menschen: the road to hell. Besser, Sie halten sich an ein amerikanisches Sprichwort:

»Don't wait for the storm to pass. Learn to dance in the rain.«

Wir sind für uns selbst verantwortlich. Auch für unsere Gefühle. Lernen Sie, Ihre eigenen Gefühle zu beeinflussen – das ist eine interessante und beglückende Übung, die Sie jeden Tag bei Dutzenden Gelegenheiten praktizieren können. Noch eine Übung:

Fühlen Sie sich, als ob ...!

Annika muss morgen zum ersten Mal vor einem als extrem schwierig bekannten A-Kunden präsentieren. Sie ist total durch den Wind. Aber weil sie schon in der Schule gern Theaterstückchen aufgeführt hat, kennt sie den Actor's Effect: Spiel eine Königin und du fühlst dich wie eine Königin! Also fragt sie sich: »Wie fühlt sich wohl eine erfahrene, selbstsichere, souveräne, kompetente Frau, die den Kunden nur so um den Finger wickelt und eine tolle Präsentation abliefert?« Sie überlegt, schaut sich nach Vorbildern um, erinnert sich an Filme. Je länger sie das macht und dabei die weibliche Hauptrolle imitiert, desto stärker gleicht sich ihr Gefühlsleben und ihr Auftreten dem ihrer Rolle an: Das Hindernis »Killerkunden-Präsentation« wird immer kleiner. Am nächsten Morgen nimmt sie es. Das ist nicht Ihr Problem? Eher das Gegenteil?

Weiblicher Perfektionismus

Viele Frauen haben das umgekehrte Problem: Sie nehmen jedes Hindernis. Ganz gleich, welches Stöckchen man ihnen hinhält, sie springen drüber – brav, Bello! Und das in einer Vielzahl von Rollen. Überspitzt formuliert: Ein Mann ist immer nur ein Mann, höchstens noch Kumpel seiner Kumpels. Eine Frau dagegen ist gleichzeitig Managerin, Angestellte oder Unternehmerin, Mutter, Schwester, Tochter, Beziehungspartnerin, beste Freundin, Ehrenamtsträgerin, stellvertretende Irgendwas, Kinder-Chauffeuse, Hauskrankenschwester, Köchin, Chef-Einkäuferin, Nachhilfelehrerin, im Elternbeirat von … Auf wie viele Rollen kommen Sie?

Coach yourself

Notieren Sie hier sämtliche Ihrer Rollen. Wenn Sie erschrecken: Ich bin gedanklich bei Ihnen. Ich erschrecke auch jedes Mal.

____

____

____

____

____

Und in jeder dieser Rollen gilt der Grundsatz: Das pack ich auch noch! Auch dieses Problem löse ich und zwar schnell, im Alleingang, perfekt, dabei sympathisch und immer gut aussehend – und auf jeden Fall ganz authentisch. Kennen Sie? Kennen wir alle. Ist typisch für uns. Und nach spätestens zehn Jahren diagnostiziert der Arzt fälschlicherweise Chronique Fatigue oder neuerdings Burnout oder klassisch Depression oder irgendeine psychosomatische Erkrankung oder wir kassieren die Scheidung oder die Entfremdung der Kinder oder alles zusammen, weil eben alles zusammen nicht geht, auch wenn uns die *Brigitte* und unser eigener weiblicher Perfektionismus das ständig suggerieren! Eine befreundete Psychotherapeutin sagte mir mal: »Ich kenne keine Frau mit Depression, die nicht Perfektionistin wäre!«

Brav springt das Hündchen

Schauen Sie noch mal Ihre Rollenliste (s. Seite 94) an. Und nun fragen Sie sich: Welche Rolle kommt bei dieser Litanei ständig zu kurz? Bei manchen Frauen sogar so sehr zu kurz, dass sie nicht mal auf der Liste erscheint. Richtig: Ich. Natürlich. Ich erscheine gar nicht auf der Liste oder, was die Priorität anbelangt, unter »ferner liefen«. Warum? Weil ich es mir wert bin. Die Werbung weiß genau, warum sie dieses Prinzip des Selbstcoachings schamlos annektiert. Sie weiß, dass wir in unserer eigenen Rollen- und Lebensplanung ständig zu kurz kommen und nutzt das zynisch aus, indem sie sagt: »Du kommst zu kurz? Kauf unsere Creme!« Als ob das irgendetwas brächte – außer Umsatz für die Konzerne. Martin Luther entlarvte den Ablasshandel der römischen Kurie. Wer entlarvt den Kuhhandel der Konzerne? Solange keine moderne Frau Luther zu sehen ist, bleibt uns nur die allerdings schockierende Erkenntnis:

Frau = überlastet

Ihnen geht die Puste aus? Und hier ist schon wieder ein Hindernis? Sie wissen langsam nicht mehr, wie Sie das alles schaffen sollen und müssen im Seminar deshalb schon Dr. Topf fragen, wie sie sich denn in dem ganzen Trubel motiviert? Vorschlag zur Güte: Lassen Sie es doch einfach mal!

»Aber ich kann doch nicht die Gemeinderatssitzung schwänzen!«, sagte daraufhin Aurelia. So war das nicht gemeint! Mit »Lassen Sie es doch einfach mal!« meinte ich: Lassen Sie es doch einfach mal zu! Lassen Sie zu, dass Sie eigentlich jetzt noch X machen

Die Beatles hatten recht: Let it be!

müssten, körperlich, seelisch und nervlich aber ziemlich erledigt sind. Lass es zu, Darling! Nur für zehn kleine Sekunden! Aurelia guckte mich im Coaching mit großen Augen an, ließ es zu – und brach in Tränen aus, was eine nicht seltene Reaktion ist.

Hinterher bedankte sie sich: »Sie sind die einzige, die sieht, wie fertig ich bin.« Ich widersprach: »Nicht ich habe das gesehen – ich sehe das schon lange. Aber heute haben *Sie* es zum ersten Mal gesehen – und zugelassen.« Das ist der kleine Unterschied, der den großen Unterschied macht. Hinterher fühlte Aurelia sich »wie nach einer Seelen-Sauna!«, erholt, getröstet, angenommen – und hundertmal besser als nach Anwendung der Creme mit dem Spruch »Weil ich es mir wert bin«. Ihr gesunder Frauenverstand, der vor lauter blinder Hindernisbewältigung nicht mehr funktionierte, war auch wieder da: »Ich gehe in die Sitzung – aber nicht in die halbstündige Vorbesprechung meiner Fraktion. Dieses Stöckchen lasse ich heute aus!« Gratulation, Aurelia.

Sie verspüren inneren Widerstand gegen eine anstehende Hindernisbewältigung? Nicht verdrängen! Nicht die Zähne aufeinanderbeißen und »Disziplin« zeigen. Sondern erst mal: zulassen, annehmen, würdigen, begrüßen und benennen. Nur für Sekunden. Das reicht schon, um neue Kraft zu wecken. Länger ist natürlich besser.

Weniger, aber vom Richtigen

Warum reicht so wenig schon? Weil das die Kraft der Achtsamkeit ist, die schon Buddha und später das Mindfulness-Based Training (MBT) entdeckten: Wenig hilft viel, wenn es das Richtige ist. Für diese Hilfe brauchen Sie übrigens nicht zu warten, bis Sie vor dem nächsten Hindernis stehen:

Legen Sie immer mal wieder ein paar Sekunden Achtsamkeit ein. Zehn sind schon viel für den Anfang. Wenn Sie 60 Sekunden durchhalten, sind Sie Profi. Spüren Sie die Kraft der Achtsamkeit.

Sie sind noch Amateurin? Googeln Sie. Es gibt wunderbare Anleitungen zur Achtsamkeit. Okay, es ist auch viel Mist dabei – aber so ist halt das Internet. Vertrauen Sie bei der Quellenwahl Ihrem gesunden Frauenverstand und Ihrer Achtsamkeit. Wenn Sie das lange genug machen, kommen Sie an einem überraschenden Ort an.

Der schönste Platz auf Erden

Was machen Sie eigentlich, wenn Sie nicht gleich wie unter vorgehaltener Pistole über jedes Stöckchen springen, das man Ihnen hinhält? Wenn Sie stattdessen vor jedem Hindernis achtsam werden und einige Sekunden der inneren Einkehr einlegen? Etwas ganz Wichtiges. Vielleicht die wichtigste Sache der Welt:

Machen Sie die Dinge, die getan werden müssen. Aber: Machen Sie die Dinge auf Ihre Weise!

Im eigenen Interesse handeln

Gestehen Sie sich selbst das Recht zu, die Dinge auf Ihre ureigene Weise zu tun. Nein, eben nicht: die Dinge boykottieren oder sich zu deren Sklavin machen – zwei verlockende Extreme. Sondern: tun, was getan werden muss – aber eben auf Ihre Ihnen gemäße Art und Weise. Wenn Sie die Arbeit eines schlampigen Kollegen korrigieren müssen, aber dafür nun wirklich keinen Nerv haben, weil Ihre eigene Arbeit leidet, dann zwingen Sie sich nicht zu diesem doofen, überangepassten Brave-Tochter-Lächeln der Marke »Gute Miene zum bösen Spiel«, sondern gestehen Sie sich selbst Ihre Wut zu und – auf höfliche Art – gestehen Sie sie auch gegenüber anderen ein: »Meine eigene Arbeit leidet jetzt wegen dieser vermeidbaren Schlamperei. Nur so als Anmerkung. Und jetzt korrigieren wir gemeinsam den Fehler!« Fühlt sich gut an? Warum?

Weil nur selten die äußeren Hindernisse unsere Kraft aufzehren: Es sind in der Regel die inneren. Und wenn wir sie durch Achtsamkeit und Akzeptanz beseitigen, dann geht jede äußere Hindernisbewältigung sehr viel leichter. Der schönste Ort auf Erden liegt nicht auf Erden. Er liegt in Ihnen selbst. Nämlich in jeder Minute, in der Sie Ihre inneren Hindernisse voll und ganz akzeptieren und sie deshalb *authentisch* angehen können.

Nicht das externe Hindernis kostet am meisten Kraft, sondern die intern mangelnde Authentizität bei der Hindernisbewältigung.

Das weiß auch Janne. Sie ist 35 und leitende Angestellte im Großhandel. Sie ist erfolgreich, beliebt und kriegt deshalb eines Tages vom Chef eine Spezialaufgabe: Sie soll das Kundenarchiv sichten, neu ordnen und besser in die neue IT integrieren. Sie ist erst mal begeistert, weil das Projekt eine Auszeichnung ist. Zwei Wochen später geht sie ihren Kolleginnen auf die Nerven: »Die IT läuft nicht, die Daten sind total chaotisch und da unten in diesem dunklen Keller mit den Aktenbergen kriegst du den Vogel!« Hindernisse noch und noch!

Janne könnte jetzt das Übliche machen: die Zähne zusammenbeißen, »Disziplin« und »eisernen Willen« zeigen. Sie ist klüger, weil sie weiß, wie viel Energie sie dafür relativ nutzlos verpulvern müsste. Also stellt sie sich die Selbstcoaching-Frage:

»Was ist meine ureigene Art und Weise, diese Hindernisse zu bewältigen?«

Sich selbst beobachten

Sie nimmt die dritte Position ein und sagt über sich selbst: »Die Janne ist eine ›People Person‹. Die kriegt in diesem dunklen Keller ohne jeden Kontakt zu Kollegen einen Vogel! Die muss Menschen um sich haben und Luft und Licht!« Also gründet sie eine Projektgruppe – die Kollegen und Kolleginnen sind begeistert, weil sie jetzt auch was vom Projektruhm abbekommen. Und sie lässt die aktuell bearbeiteten Daten jeweils rauf in ihr Büro bringen: »Das ist meine Art und Weise, so was anzupacken!« Und weil sie ihre Art und Weise der Hindernisbewältigung gefunden hat, hat sie auch nichts mehr zu jammern, dafür jede Menge Kraft. Schlussfolgerung für Fortgeschrittene:

Lernen Sie Ihren HBT, Ihren Hindernisbewältigungstyp, kennen! Auf welche Art und Weise nehmen Sie Hindernisse, wenn Sie Erfolg und Spaß haben? Identifizieren Sie diesen Typus und kopieren Sie ihn für alle kommenden Hindernisse!

Jasmin hat das mal noch stärker zugespitzt. Jasmin sagte:

»Da kommt ein Hindernis? Mach eine Party draus!«

Setzen Sie nicht gleich zur Hindernisbewältigung an, sondern biegen Sie das Hindernis erst mal auf Ihre eigene Art und Weise zurecht. Wenn Sie damit angeben wollen, nennen Sie das »verhaltensprädispositionszentrierte Hindernismodifikation« oder kurz

VHM. Dabei ist es egal, wie Sie das *nennen*. Viel wichtiger ist, wie Sie das *trainieren*.

Hindernis-Training

Neulich überraschte ich eine Bekannte unterm Spültisch mit der Rohrzange in der Hand. Ich sagte: »Du bist Professorin der Soziologie! Was willst du mit der Zange, sprich?« Sie sagte: »Es ist nicht das, wonach es aussieht!« Ich lachte: »Nicht? Was denn?« Sie sagte: »Ich repariere nicht meinen Abfluss, weil ich das nicht kann. Aber weil ich das nicht kann, übe ich daran die Überwindung von unbekannten Hindernissen. Wenn's nicht hinhaut, kann ich immer noch den Klempner rufen.« Kluges Mädel.

Hindernisse sind wie fünf Kilometer joggen: Wenn Sie das trainieren, geht es sehr viel besser.

Was sind Ihre Hindernisse?

Ich mache daraus oft ein Spiel: Wo entdecke ich im Alltag ein Hindernis, an dem ich mal rasch en passant üben könnte? Ein Freeclimber stieg mal auf eine Garage in der Nachbarschaft. »Haben die Berge geschlossen?«, fragte ich scherzhaft. Mit großem Ernst erwiderte er: »Ich komme die nächsten drei Wochen auf keinen Berg und in keine Kletterhalle. Aber ich habe eben zehn freie Minuten. Meinen Sie, der Nachbar hat was dagegen, wenn ich auf seinen Balkon klettere?« Ich bin davon überzeugt, er ist ein Ass in der Eiger Nordwand. Weil er jede Gelegenheit zum Training nutzt.

Und Sie?

Frag dich durch! 6

»The curious paradox is
that when I accept myself just as I am,
then I can change.«
CARL ROGERS

Wer fragt, die führt

Können Sie zaubern? Nein? Ich wette: Sie können das doch. Sie haben einen Zauberstab. Sie wissen das bloß nicht. Eva wusste das auch nicht.

Streiten oder fragen?

Sie ist seit acht Jahren verheiratet und streitet sich (deshalb?) fast täglich mit ihrem Mann. Nichts Schlimmes, eben »das Übliche«. Hören wir in einen x-beliebigen Streit rein:

»Der Wasserhahn im Bad tropft ja noch immer!«
»Ich hab' schließlich noch was anderes zu tun!«
»Aber du hast es versprochen!«
»Ja, aber doch nicht gleich! Das hat doch noch Zeit!«

Und so weiter, zehn Minuten am Stück, ein halbes Dutzend Mal am Tag, am Wochenende öfter, im Urlaub praktisch nonstop, mit jeweils nachfolgend beidseitig mieser Laune; kennen wir alle. Irgendwann wird es Eva zu dumm. Sie entdeckt ihren Zauberstab. Das heißt: Sie besinnt sich auf ihr Kommunikationstraining am Arbeitsplatz und gestaltet »den üblichen Tanz« bei der nächsten Tanzaufforderung anders:

Immer derselbe Tanz?

»Was hält dich davon ab, dir den Wasserhahn vorzuknöpfen?«
»Ich hab auch noch anderes zu tun.«
»Das weiß ich doch. Was kann ich tun, damit es dir leichter fällt?«

»Äh, was? Seit wann interessiert dich das? Weiß auch nicht. Vielleicht wenn ich die verdammte Rohrzange finden würde!«
»Sollen wir gemeinsam suchen?«
»Nee du, lass mal, ich glaube, ich weiß, wo sie rumliegt, und dann pack ich das gleich mal an.«

Verdammt unwahrscheinliches Beispiel? Da bin ich Ihrer Meinung. Weil Männer faul und schlampig sind, zumindest im Haushalt? Weil sie eben nicht so schnell einsichtig reagieren? Natürlich nicht! Auch nicht, wenn frau sich drei Mal konsequent die üblichen Vorhaltungen verkneift und stattdessen konstruktive Fragen stellt? Das ist der andere Grund, warum das Beispiel unwahrscheinlich ist: Welche Frau fragt denn schon so diszipliniert? Welche außer Eva? Und die Frau hat ja recht.

Wut oder Wirksamkeit?

Wie Michaela sagt: »Wenn mein verpeilter Partner seit Wochen kein Heizöl geordert hat und wir im Winter womöglich alle frieren müssen, dann soll ich nicht ausrasten?« Nein, Michaela: *gerade* dann nicht.

Es gibt einen Unterschied zwischen Wut und Wirksamkeit.

Schön, wenn Sie ihn kennen. Schöner noch, wenn Sie ihn praktizieren (können). Und das können Sie. Mit einem Zirkel-Rezept:

Sie platzen vor ... (Wut, Frust, Erwartungsdruck, Enttäuschung ...)? Dann fragen Sie sich: Was ist mir jetzt wichtiger? Meinen ... (s.o.) rauszulassen? Oder das zu erreichen, was ich erreichen möchte? Und dabei auch noch die Beziehung zum Ansprechpartner zu verbessern?

Warum funktioniert das Zauberstab-Rezept überhaupt bei Evas Partner und auch sonst? Jedenfalls weitaus häufiger als die übliche weibliche Kommunikation in solchen Situationen? Weil der Spruch, den jede leitende Angestellte schon mal gehört/gelesen hat, tatsächlich stimmt:

Wer fragt, die führt.

Warum ist das so? Weil:

Fragen sind beziehungsfreundlich, deeskalativ, lösungsführend und handlungsleitend. Jedenfalls hundert Mal mehr als Vorwürfe, Forderungen, Erwartungen, Ermahnungen und Rumzicken.

Sie kriegen mit den üblichen Vorhaltungen weder den Affen vom Baum noch den Mann an die Hausarbeit – aber mit klugen Fragen. Doch wem sage ich das? Es ist ja nicht Ihr erstes Buch, das Sie lesen. Und in den zurückliegenden fünf Kapiteln ist Ihnen bestimmt aufgefallen, wie oft uns intelligente Fragen aus Problemsackgassen heraus zu Lösungen geführt haben. Schneller und besser als viele andere Lösungstools. Und zwar nicht nur in der Kommunikation mit anderen Menschen, sondern auch in der inneren Kommunikation mit uns selbst:

Wechseln Sie Ihre Strategie!

Fragen hilft mehr als Sagen. Fragen Sie andere, fragen Sie sich.

Unter einer wesentlichen Voraussetzung:

Die Frage ist wichtig. Wichtiger ist die wahrnehmbare Intention.

Coach yourself

A) »Warum ist das immer noch nicht erledigt?«
B) »Was hält dich von der Erledigung ab?«
Welche der beiden Fragen wirkt konstruktiv? Warum?

Richtig, B. Wegen der Intention. Die möglicherweise unbewusste Intention hinter der ersten Frage ist: Druck machen, Ungeduld und Unzufriedenheit kommunizieren, Erwartungshaltung demonstrieren. Wie wirkt das auf den Ansprechpartner? Wie ein Angriff. Die Intention der zweiten Frage dagegen ist ehrliches Interesse an den Hinderungsgründen und damit Interesse an der Person des Gefragten. Das ist besser:

Jede inhaltliche Frage, die gleichzeitig ehrliches, wertschätzendes und nicht direktives Interesse am Gefragten signalisiert, wirkt konstruktiv, beschleunigend, beruhigend.

Einfühlsam mit sich selbst umgehen

Das gilt auch für den internen Gebrauch: »Du blöde Kuh, warum kriegst du das immer noch nicht hin?« Mit so einer Frage fragt sich selbst die stärkste Amazone in die demotivierte Antriebshemmung. Ganz anders wirkt dagegen: »Was erschwert mir in dieser Situation ein situationsgerechtes Handeln? Wann fiele es mir leichter? Was könnte ich tun, um es mir zu erleichtern?« So einfühlsam gehen Sie selten mit sich um? Dann wird es Zeit! Finden Sie nicht auch? Ich finde das.

Fazit: Ehrlich interessierte Fragen bringen Sie weiter. Aber das wissen Sie. Sie wissen es längst. Warum tun Sie's dann nicht öfter?

Frag bloß nicht!

Wir zicken andere Menschen oft an und wir reden hauptsächlich in Form von Kritik, Forderungen, Vorhaltungen und Tadel mit uns selbst. Fragen stellen wir höchstens als rhetorische Suggestivfragen oder verkappte Beschimpfungen: »Tickst du noch richtig?«, »Warum passiert das immer mir?«, »Alter, was soll der Scheiß?«. Warum tun wir das? Weil uns investigatives Fragen konsequent aberzogen wurde – so wie es unseren Töchtern aberzogen wird, während ich diese Zeilen schreibe.

Eine blöde Antwort killt zehn Fragen

Ich fragte mal meinen damaligen Lebensgefährten: »Woher bekomme ich in unserer Stadt einen anständigen Badeanzug?« Ich bin groß und schlank und finde daher selten etwas, das zugleich schmal und lang ist. Was antwortete mir der Mann? »Was willst du denn mit einem Badeanzug bei deiner Bikini-Figur?« Wenn ich diese Anekdote im bunten Kreis erzähle, lachen oder schmunzeln die Männer, die Frauen verdrehen die Augen. Auch ich fand das damals leicht daneben. Ich möchte einen schönen Badeanzug, frage höflich und beziehungsfreundlich, möchte ihn einbeziehen, schätze seine Meinung – und er tritt mir vors Schienbein und ignoriert meinen Wunsch mit einem flotten Spruch, von dem er auch noch annimmt, dass er in meinen Augen ein Mordskompliment sein müsste! Kein Wunder, dass sich Frauen spätestens im Alter von sieben Jahren die II, die Investigative Interrogation, abgewöhnen.

Frau fragt nicht gern

Und weil wir andere Menschen äußerst ungern fragen, haben wir es uns im Umgang mit uns selbst größtenteils ebenfalls abgewöhnt. Früher ging es mir auch so. Dann gingen mir das Leben, der Beruf, Gott und die Welt irgendwann derart auf den Senkel, dass ich merkte: »Hallo? So geht's nicht!« Ich besann mich auf das interrogative Instrument (vulgo: Fragen), coachte mich selbst und gewöhnte mir seither an, in belastenden oder entscheidenden Situationen, bevor ich mich aufrege oder mich zu etwas Dummem hinreißen lasse, erst mal zu fragen: »Wie geht es mir damit? Will ich das jetzt wirklich machen? Was daran ist so belastend für mich? Kann ich das beeinflussen? Muss ich es? Oder ist die ganze Sache am Ende recht unnötig?« Nützliche Fragen, wenn man innere Klarheit und vor allem Handlungsfreiheit gewinnen möchte. Seither stelle ich mir oft und gern Fragen. Denn die Antworten machen mich klüger, stärker und zufriedener.

Coach yourself

Probieren Sie's aus. Stellen Sie sich eine, zwei, drei Fragen. Jetzt. Zu irgendeinem Thema. Wenn möglich aktuell und/oder persönlich.

Gar nicht so leicht? Natürlich nicht. Wie gesagt: Wir haben uns das wegerziehen lassen. Wir schaffen es am Anfang oft noch nicht einmal, eine völlig belanglose Frage an uns zu stellen. Was schade ist.

Wer nicht fragt, bleibt dumm

Natürlich müssen wir manchmal spontan und impulsiv sein und einfach so drauflos leben – ein tolles Gefühl! Aber wenn ich nichts anderes kann als spontan und unreflektiert zu handeln, bin ich eine impulsive Querschlägerin, die hoffnungslos ihren unreflektierten Trieben ausgeliefert ist. Wenn ich mir selbst keine Fragen mehr stelle, kann ich sehr viel Dummes anfangen, kann im Sinne des Wortes unüberlegt handeln und mich meiner Chancen und Wahlmöglichkeiten berauben. Also frage ich (mich) doch lieber. Vor allem, weil ich auf diese Weise Einblicke darin gewinne, wie ich ticke. Ich begreife, warum die Dinge in meinem Leben laufen, wie sie laufen. Ich lerne, was funktioniert und was nicht. Ich stelle mir Fragen und werde mir der Beweggründe meines Handelns und dessen Konsequenzen bewusst. Ich erkenne meine verborgenen Handlungsmuster und meine Lebensfallen.

Fragen Sie sich, dann bekommen Sie Antwort!

Neulich im Seminar berichtete zum Beispiel Ursula: »Ich falle immer auf denselben Typ Mann rein und ich angle mir immer denselben Typ Job. Was mache ich falsch?« Tamara fragte sie: »Erst mal: Wie stellst du das überhaupt an? Wonach suchst du denn immer bei einem Mann, bei einem Job? Und wozu? Kannst du das mal in Worte fassen?« Ursula war baff: »Das habe ich mich noch nie gefragt – im Sinne von: Fragen, um eine Antwort zu erhalten.« Das war vor 15 Monaten. Seither hat sie einen neuen Freund, der nicht ins alte Beuteschema passt und bewirbt sich bei Unternehmen, bei denen sie sich früher nie beworben hätte. Sie hat ihre Muster erkannt, weil sie sie hinterfragt hat. Andere halten ihre unbewussten Katastrophen-Muster ein ganzes Leben lang durch. Ungefragt, im Sinne des Wortes.

Mit welchem Mann wäre Ursula heute wohl zusammen, wenn Tamara ihr nicht einige kluge Fragen gestellt hätte? Anders gefragt: Was machen Sie, wenn keine da ist, die Ihnen kluge Fragen stellt?

Vertrau dir!

Um sich selbst zu fragen, muss frau sich erst einmal selbst als Autorität für Antworten anerkennen. Das tun wir ganz oft nicht. Wir müssen uns erst abtrainieren, ständig auf andere zu hören, andere vor allem für alles verantwortlich zu machen.

Auf wen hören Sie in der Regel? Meist auf sich selbst? Meist auf andere? Was ist besser? Keines von beiden. Besser ist: Entscheiden Sie der Situation angemessen, auf wen Sie besser hören sollten.

Andrea zum Beispiel ist eine dieser leitenden Angestellten, die sich für die Firma aufopfern. Buchstäblich. Im medizinischen Sinne: Nach neun stressigen Wochen erleidet sie einen Schwächeanfall im Büro, der Arzt droht mit Krankschreibung, Diagnose Burnout. Andrea sagt: »So geht's nicht weiter. Ich kann nicht alles schaffen! Ich muss dringend meinen Chef fragen, welche Aufgaben ich mit Vorrang bearbeiten soll und welche nachrangig.« Ich fiel fast vom Stuhl: »Ihren Chef? Hat der denn bislang mit übertriebener Fürsorge und professioneller Priorisierung auf sich aufmerksam gemacht? Fragen Sie nicht Ihren Chef! Fragen Sie sich doch bitte erst mal selbst! Legen *Sie* die Prioritäten fest – und dann informieren Sie den Chef oder nicht.« Für die eigene Arbeit und ihre Prioritäten will Andrea die Verantwortung komplett ihrem Chef überlassen? Das ist ein starkes Stück. Und so bequem.

Wer nicht fragt, brennt aus

Fragen Sie sich erst mal selbst, bevor Sie andere fragen.

Das ist nicht eigensüchtig, sondern erwachsen, also das Gegenteil von feig. Wie feig ist das denn, zu so einem wichtigen Punkt in ihrem Leben keine eigene Meinung zu haben? Warum wollte Andrea ihren Boss fragen? Weil sie nicht genug Mumm hatte, sich selbst zu fragen! Ein weiterer Grund, weshalb wir uns ungern selbst fragen. Weil wir feig sind?

Nein, weil wir zunächst mal überfordert sind. Wir müssen einfach für viel zu vieles Verantwortung übernehmen. Früher zum Beispiel ging man nach dem Sport in die *Goldene Gans* oder in den *Gasthof zur Post*. Heute habe ich allein in meiner Heimatstadt die Auswahl unter gefühlten 350 Restaurants: »Wohin gehen wir heute Abend?« Ich fürchte die Frage, weil ich die 20 Minuten fruchtloser Diskussion fürchte! Dito Kleiderschrank: Je mehr frau darin findet, desto stärker ist der Eindruck, nichts Passendes zu haben.

Zu viele Entscheidungen

Dito TV: Früher gab es ARD und ZDF und meiner Erinnerung nach beschwerte sich keiner, dass »nichts Richtiges« im Programm sei. Heute, bei mehreren Hundert Sendern, scheint das der inoffizielle Slogan zu sein: »Kommt ja eh' nichts Gutes!« Dito

Partnerwahl: Die ganze Welt steht uns heutzutage dafür offen. Hat das dazu geführt, dass unsere Beziehungen besser, menschlicher, erfüllender, glücklicher oder auch nur stabiler wurden? Im Gegenteil. Die Scheidungsrate steigt unaufhaltsam. Was logisch ist. Es ist wie mit den Lebensmitteln. Nach dem Krieg pickte man noch die Brotkrümel mit der Fingerspitze von der Tischplatte. Heute landen 50 Prozent aller Lebensmittel im Müll. Die ehemals einfachsten Fragen sind heute bis zur Perversion kompliziert: Wohin gehen wir heute Abend zum Essen? Was will ich vom Leben? Wen wähle ich als Partner? Wie werde ich glücklich? Geh mir weg mit solchen Fragen!

Wer nicht fragt, muss jammern

Kein Wunder, dass der moderne Mensch kaum mehr Lust hat, Fragen zu stellen. Er jammert zwar viel über Politik, Kapitalismus, Beziehung, Schule und Kinder. Aber er hinterfragt nicht mehr – wobei das eine das andere bedingt: Wer heute nicht hinterfragt, hat morgen Grund zum Jammern. Deshalb ist es heute nötiger und nützlicher denn je, intelligente und vor allem interessierte Fragen zu stellen. Warum tun wir's nicht in ausreichendem Maße? Weil wir die Antwort fürchten.

In der Ruhe liegt die Frage

Nehmen wir den Kleiderschrank, weil er so herrlich banal ist: Ich steh davor – nichts anzuziehen! Und in einer halben Stunde will ich im Theater sein! Also Hektik, Stress, Panik. Hektik, Stress, Panik wegen einer Kleiderfrage? Bin ich jetzt schon so dekadent? Nein, ich verwechsle lediglich Ursache und Wirkung:

Nicht die Dinge beunruhigen uns. Sondern die fehlende Ruhe.

Wenn ich auch nur einmal tief ausatme und vor dem Kleiderschrank die Augen schließe, dann entdecke ich, dass hinter der Kleiderfrage fünf eigentliche Fragen darauf warten, gefragt zu werden: »Kann es sein, dass du nichts zum Anziehen suchst, sondern etwas zum Beruhigen? Etwas, das dir Sicherheit gibt? Ein gutes Gefühl? Weil das gleich ein heikler halb öffentlicher Auftritt wird?«

Fragen bringen uns weiter. Aber nur dann, wenn sie in Ruhe gestellt werden.

Ich habe vor nicht allzu langer Zeit ein Buch darüber geschrieben, übers Schweigen: *Einfach mal die Klappe halten! Warum Schweigen besser ist als Reden* (Offenbach: GABAL 2010). Es wird von den Kritikern lebhaft beklatscht, was eines zeigt: Wir haben inzwischen kapiert, dass wir zu schnell leben. Wir kommen nicht mehr dazu, unser Leben zu hinterfragen, weil wir viel zu schnell leben und losplappern. Wir leben und reden uns um Kopf und Kragen.

Wer führen will, muss fragen. Und wer fragen will, muss erst mal Sprechpause machen. Oft nur für einige Sekunden.

Nur wer denkt, kann fragen. Und nur wer fragt, kann Wirkung erzielen.

Coach yourself

Machen Sie sich das zur regelmäßigen Übung: Bevor Sie etwas sagen oder machen – halten Sie inne und schauen Sie sich Ihre Gedanken an. Und dann stellen Sie sich zwei, drei kluge Fragen dazu.

Welche? Das betrachten wir jetzt am Beispiel der inneren Zicke.

Die innere Zicke verzaubern

Fragen sind das perfekte Mittel zur Verzauberung der inneren Zicke: Imperative wie »Du solltest!« oder »Du musst noch!«, Vorwürfe, Vorhaltungen und innere Überforderung machen uns oft das Leben unnötig schwer. Versuchen wir das abzustellen, versuchen wir oft, den Teufel mit dem Beelzebub auszutreiben: »Nun mach dir doch nicht immer solche Vorwürfe!« Mit Vorwürfen Vorwürfe abstellen? Funktioniert nicht. Wenn Sie sich also demnächst wieder unwohl in Ihrer Haut fühlen – immer ein Signal dafür, dass Sie sich unbewusst schlecht behandeln –, probieren Sie es zur Abwechslung mal mit Fragen:

- Bringt mich dieser Vorwurf meinem Ziel näher?
- Wie fühle ich mich dabei?
- Nützt mir das was?
- Was würde mir stattdessen mehr nützen?
- Wie kann ich diesen Imperativ konstruktiv umformulieren?
- Was bezwecke ich damit, mich derart runterzumachen?
- Wie kann ich beides: in der Sache weiterkommen und mich gleichzeitig gut behandeln?
- Wie lautet der Gedanke genau, der mir innerlich verbietet, freundlich zu mir zu sein?
- Woher kommt er?
- Möchte ich ihn behalten?
- Wodurch möchte ich ihn ersetzen?

Wer fragt, wird ein besserer Mensch

Merken Sie was? Mit Fragen kommen Sie automatisch aus der Denkrille der Selbstabwertung heraus und werden gleichzeitig kreativer, lösungsorientierter, initiativer, engagierter, aktiver – eben intelligenter.

Über die Fragen, die wir eben angeschaut haben, sagen viele Coachees und Seminarteilnehmerinnen nach einigen Anwendungen: »Die gehen tief! Interessant, was ich damit über mich herausbekomme. Gibt es mehr davon?«

Das ist eine gute Frage.

Gute Fragen

Fragen sind der Schlüssel zur Welt. Auch zu Ihrer eigenen, inneren Welt. Fragen sind außerdem ein elegantes und hoch wirksames Veränderungsrezept.

Nehmen wir an, Sie sind heute bei der Arbeit total im Stress, entdecken aber einen Fehler, den Sie unbedingt ausbügeln müssen, der Sie 45 Minuten kosten wird, die Sie nicht haben, dann ruft auch noch der Chef überraschend an und will was von Ihnen und jetzt sollen Sie auch noch rasch für einen erkrankten Kollegen bei einem Kundengespräch einspringen! Was machen Sie?

Fragen killt Stress

Erst mal transpirieren. Dann still fluchen: »Verdammte Hacke! Nicht auch das noch! Das schaffe ich doch nie alles!« Sie kennen diese Art von Gedanken? Darling, wer kennt sie nicht? Semira zum Beispiel. Sie hat andere Gedanken. Weil sie nach fünf Monaten Training bereits eine gute Selbstcoachin ist. Semiras Gedanken sehen so aus, frau beachte die Fragen:

»Was ist jetzt das Wichtigste? Natürlich die Anfrage vom Chef! Stimmt das wirklich? Nein. Das Wichtigste ist, dass ich die Nerven behalte und so weit wie möglich bei mir bleibe und mich nicht wieder so verausgabe, dass ich heute Abend zu nichts mehr zu gebrauchen bin. Ist das alles? Nein. Ich sollte auf meine Killer-Muster achten: Womit mache ich mir in solchen Situationen normalerweise das Leben schwer? Ach ja: Perfektionismus. Das heißt: Ich will trotzdem irgendwie alles schaffen. Geht das hier und heute? Nö. Also, was tun? Erst mal meine eigentliche Arbeit sausen lassen. Aber geht das denn? Darf ich das? Ja, das geht. Bis morgen kann ich alle Aufgaben aufschieben. Wenn das geklärt ist: Womit fange ich also an?«

Als Semira diesen Gedankengang auf meine Bitte hin erzählte, war es sekundenlang mucksmäuschenstill im Seminarraum. Alle schauten völlig entgeistert Semira an. Dann sagte eine teilnehmende Abteilungsleiterin staubtrocken: »Warum werde *ich* von niemandem so einfühlsam behandelt?« Wir prusteten los. Denn die eigentliche Frage hatte jede von uns auf den Lippen: Warum behandeln wir uns selbst nicht so gut, wie sich Semira behandelt? Weil wir uns anzicken, statt Fragen zu stellen. Wir müssen das erst üben.

Coach yourself

Hören Sie eigentlich auch mal zu, wenn Sie mit sich reden? Was denken Sie? Jetzt? Bitte formulieren Sie möglichst viele dieser Gedanken als Fragen.

Nach einer Woche geht einem diese Übung ins Blut über. Leni sagt dazu: »Ich habe nach zehn Tagen mit dieser Übung aufgehört, mich innerlich anzuschreien! Eine Wohltat!« Mit welcher Frage gelang ihr das?

Die wichtigste Frage ist: Was kann ich tun?

Sie holt uns wirksam aus Gefühlen der Hoffnungslosigkeit, der Frustration, der Antriebslosigkeit und der Entantwortung heraus. Die Fassung für Abiturientinnen lautet: »Was ist mein Teil der Verantwortung in dieser Situation?«

Ersetzen Sie jedes »Warum?« durch ein »Wozu?«.

Typisches Beispiel von Senta: »Warum knicke ich jedes Mal ein, wenn dieser unverschämte Kollege was von mir will?« Diese Frage führt zu nichts. Außer zu Selbstvorwürfen. Besser ist: »Wozu mache ich das? Was ist mein Sekundärgewinn?« Senta kommt selbst drauf: »Damit ich mich unterwerfen kann. Das ist bequemer als den Mund aufzumachen.« Was uns zur nächsten guten Frage führt:

Im Dilemma? Fragen Sie sich: »Was ist mir jetzt wichtiger?«

Neinsagen tut gut

Es ist schön, nicht streiten zu müssen und zum doofen Kollegen einfach Ja und Amen zu sagen. Aber es wäre auch schön, endlich mal Nein zu sagen und seine eigenen Interessen zu schützen. »Ich habe die Wahl?«, entfährt es Senta an dieser Stelle. Sie lächelt und reibt die Hände: »Au fein!« Beim überübernächsten Mal sagt sie tatsächlich Nein: »Es gab in dieser Situation einfach Dinge, die mir dann doch wichtiger waren als der Kollege.« Das hat sie bestimmt Überwindung gekostet? Gar nicht mal so viel, weil Senta noch eine Frage kennt:

Eine Veränderung kostet zu viel Überwindung? Setzen Sie nicht auf »Disziplin« oder eisernen Willen. Sondern auf die Frage: »In der Regel fällt mir das sehr schwer. Wann, wobei, mit wem und wie habe ich schon eine Ausnahme von der Regel erlebt?«

Wer die Frage noch nicht gewohnt ist, leugnet oft spontan die Existenz solcher Ausnahmen. Das ist normal. Die Wahrheit ist: Wenn Sie zwei, drei Minuten suchen, finden Sie immer Ausnahmen. So ist das Universum konstruiert: vielfältig. Es gibt keine Regel ohne Ausnahmen. Ich habe schon Pferde vor der Apotheke kotzen sehen. Die großen Therapeuten Virginia Satir und Steve de Shazer haben um diese Frage nach der Ausnahme eigene Therapien aufgebaut – und grandiose Erfolge damit erzielt. Denn wenn man die Ausnahme(n) kennt, kann man die aktuelle Aufgabe so modifizieren oder neu bewerten, dass sie dem Ausnahmefall möglichst ähnlich wird.

Fragen Sie: »Bringt mir das jetzt was?«

Die Frage ist ein perfektes Mittel der Desillusionierung. Anna-Maria zum Beispiel klagt jeden zweiten Tag: »Mein Chef ist so gemein zu mir. Der könnte auch mal freundlich zu mir sein!« Ausnahmsweise hat Anna-Maria einen beziehungsintelligenten Freund. Der sagt:
»Ich verstehe dich ja. Ich hatte auch mal so einen Heini. Aber bringt dir das was?«
»Wie meinst du das? Was willst du damit sagen?«
»Er ist gemein, davon bin ich überzeugt. Du beklagst dich, was dein gutes Recht ist. Ich tröste dich, was ich gern und hoffentlich gut mache. Aber bringt dich das gegenüber deinem Chef weiter?«
Was sagte Anna-Maria darauf?

Fragen: nur was für große Mädels

Anna-Maria zickte erst eine Weile herum: »Ist es denn zu viel verlangt, dass du mich ein wenig tröstest?« Das hatte nichts mit ihrem Freund zu tun. Wenn sie sich selbst diese Frage gestellt hätte, hätte sie sich auch so angezickt. Zunächst. Denn Anna-Maria zickt nicht nur gern, sie ist auch ziemlich ausgeschlafen. Deshalb sagte sie irgendwann – natürlich nicht zu ihm: »Er hat ja recht: Immer nur drüber klagen bringt nichts. Ich muss was tun. Was?« Gute Frage.

Wenn Sie die Frage haben, haben Sie auch schon die halbe Lösung.

Und Fragen fallen einem immer ein. Zu allem. Jederzeit. Mit ein wenig gutem Willen. Und wenn wir gerade bei Anna-Marias

Freund sind. Seit der Episode mit dem Chef hat Anna-Maria noch eine Lieblingsfrage. Wenn sie mal wieder vor schweren Entscheidungen steht oder nicht weiß, ob sie mit einer Einschätzung richtig liegt, fragt sie sich:

Die Perspektivfrage: »Wie würde das ... (meine beste Freundin, ein Experte, mein Vater, mein Gegenüber ...) sehen?«

Natürlich fällt einem so ein Perspektivenwechsel manchmal schwer! Umso schwerer, je nötiger er ist. Deshalb sagte ich auch, dass die hier aufgelisteten Fragen gut sind. Nützlich, wirksam, hilfreich, entscheidend und recht einfach. Ich sagte aber nicht, dass sie leicht sind. Sie sind alles andere als das. Deshalb behandeln wir sie ja in einem fortgeschrittenen Kapitel. Und weil wir gerade dabei sind:

Die beste Frage zum externen und internen Change Management lautet: »Was ist die kleinstmögliche Aufgabe, die ich jetzt sofort erledigen kann, um meinem Ziel auch nur einen kleinen Schritt näher zu kommen?«

Wie gut die Frage ist, zeigt sich daran, dass die Appreciative Inquiry (AI), eine sehr erfolgreiche Veränderungsmethode, damit ein Beratungsimperium aufgebaut hat: Mit dieser simplen Frage bewaffnet gehen Berater in Organisationen und verändern diese binnen kürzester Zeit unter dem Applaus aller zum Besseren. Warum funktioniert das? Auch darauf wissen die AI'ler um Prof. David Cooperrider eine Antwort.

Die Goldene Regel der Appreciative Inquiry: Menschen und Organisationen entwickeln sich immer in Richtung auf das, wozu sie nur ausdauernd, authentisch und systematisch genug Fragen stellen.

Drei Fragevarianten

Das ist so trivial. Das *verstehen* wir auf Anhieb. Aber wir *machen* es nicht oft genug. Stattdessen regen wir uns auf: »Diese Chauvis! Warum haben die mich noch immer nicht befördert! Das ist Diskriminierung!« Das bringt uns nicht weiter. Besser ist die Frage: »Wie kriege ich diese Chauvis doch noch irgendwie herum? Was kann ich tun? Und wenn nichts mehr zu tun ist – was mache ich dann noch hier? Etwa mir einen neuen Job suchen? Oder klebe ich schon wieder an einem hoffnungslosen Fall?« Gute Frage.

Die Muster-Frage: »In welchem Muster stecke ich gerade?«

Eine Frage aus der Schematherapie. Denn die meisten Probleme, die wir uns machen, machen wir uns gewohnheitsgemäß. Sie folgen einem fixen Schema: Wir stecken in bestimmten Verhaltensweisen fest. Oft reicht es schon, diese unbewussten Selbstsabotage-Muster bewusst zu machen, um sie abzulegen – zum Beispiel mit der Muster-Frage. Wer in der Transaktionsanalyse bewandert ist (googeln Sie doch mal!), stellt sich die verwandte Frage: »Welcher Antreiber oder welches Skript hat mich gerade wieder im Griff?«

Die Bedürfnis-Frage: »Was ist mein aktuelles Bedürfnis?«

Frauen vergessen diese Frage hundert Mal am Tag. Weil sie meist erst an andere denken und dann erst – an andere. An sich selbst wirklich selten. Ich habe so eine Kollegin. Die schaut mich manchmal gequält an, worauf ich sage: »Dir ist im Moment nicht danach, stimmt's? Wonach ist dir denn gerade? Und warum zum Kuckuck muss ich das fragen? Könntest du dich das nicht auch mal selbst fragen, bevor du mir so einen gequälten Blick schenken musst?« Dann lachen wir beide und sie bedankt sich, dass ich sie – immer noch – coache. Eine verwandte Frage ist:

Die Herz/Hirn-Frage: »Wie kann ich fühlen, was ich fühle, und trotzdem tun, was ich tun möchte/muss?«

Wann kümmern Sie sich um sich selbst?

Bei der Hälfte aller Dinge, die wir tun müssen/wollen, fühlen wir uns nicht danach. Wenn wir es dann unbedingt müssen, zwingen wir uns eben. Alles andere lassen wir liegen, bis wir uns »danach fühlen«. Aber wann fühlen Sie sich wirklich mal danach, den Speicher aufzuräumen, die Steuer zu machen, gesund zu leben, sich selbst um Ihr Glück zu kümmern? Also bleiben oft die wichtigsten Dinge liegen. Weil wir fälschlich vermuten, dass wir mit diesem miesen Gefühl die Aufgabe nie packen. Was Quatsch ist. Das ist eben nur ein Gefühl: »Feelings are not facts.« (Lynne McFall)

Triviales Beispiel: Ich wollte im letzten Sommer die Vorhänge nicht waschen. Wer will das schon? Dann wusch ich sie trotzdem.

Dabei bemerkte ich: Ich kann Dinge tun, auch wenn ich mich nicht danach fühle. Oft mache ich sie dann genauso gut oder sogar besser. Und das gute Gefühl kommt dann beim Tun. Aha. Also frage ich mich jedes Mal, wenn ich etwas tun möchte oder muss und mich »nicht so« fühle: Es ist okay, was ich fühle. Wie kann ich zusammen mit diesem Gefühl das tun, was ich tun möchte?

Lasst uns fragen!

Sie haben ein Ziel? Eine Aufgabe? Ein Problem? Dann fragen Sie zur Abwechslung mal. 20 Fragen wären für den Anfang schön. Fortgeschrittene stellen mehr – weil es Spaß macht.

Wer beschreibt, bewirkt

Die Wirksamkeit der Fragetechnik steigern Sie, wenn Sie die Fragen und deren Antworten aufschreiben. Dann wirken Fragen noch stärker als Dissoziationstechnik: Sie gewinnen innerlich Abstand (dissoziieren sich) zur Fragestellung und können wieder klar denken.

Es wird Sie übrigens nicht wundern zu erfahren, welche Berufsgruppe gefolgt von welcher am meisten mit Fragen operiert. Richtig: Coachinnen und Coaches. Gefolgt von Top-Führungskräften. Belinda erzählt: »Ich habe einen Kollegen, und wenn wir ein Problem haben, sagt der immer: ›Das müsst ihr so und so machen!‹ Dann haben wir eine Kollegin, die sagt bei so was: ›Was habt ihr denn schon probiert? Woran scheiterte das? Was fällt euch noch ein? Wen könntet ihr fragen?‹«

Raten Sie mal, wen von beiden alle in der Abteilung fragen, wenn ein Problem auftaucht. Und wer von beiden Kollegen mehr geschätzt und respektiert wird. Rhetorische Frage. Oberlehrer mag niemand. Ratschläge sind auch Schläge. Fragen sind sanft, hilfreich und beziehungsfreundlich.

Wie war noch gleich Ihre Frage?

Red dich raus!

»Wie red' ich denn mit mir?«
HILDEGARD KNEF

Die Macht deiner Worte

Birte und Ilona arbeiten im Marketing eines großen Mittelständlers. Es ist Dienstagmorgen, der Marketingleiter kommt herein, knallt ein Produktblatt auf den Tisch und sagt: »Und wieder ein Produktblatt, mit dem wir uns blamieren!« Birte reißt die Augen auf, schluckt schwer, sagt keinen Ton und fühlt sich den ganzen Tag über frustriert, ungerecht behandelt, ist unfreundlich zu Kollegen und macht einige dumme Leichtsinnsfehler. Auch Ilona reißt beim Anschiss vom Boss die Augen auf, schluckt schwer, sagt keinen Ton, aber ist schon fünf Minuten später wieder gut gelaunt und freundlich zu Kollegen, fühlt sich fit und liefert den ganzen Tag über tadellose Arbeit ab. Warum?

Coach yourself

Versuchen Sie, den Inneren Dialog von Birte und Ilona zu erraten. Je zwei, drei Sätze genügen.

Was sind Ihre Horror-Monologe?

Was Birte dachte, ist nicht schwer zu erraten. Wir denken ja alle gelegentlich wie sie: »Oje, wir haben Mist gebaut, das wusste ich doch gleich, das kriegen wir nie so hin, dass es ihm gefällt. Aber er lässt mal wieder seinen ganzen Frust an uns aus. Das ist so fies!« Streng genommen ist das nicht mal ein Innerer Dialog. Das ist ein Monolog. Ein Horror-Monolog. Und obwohl der Boss beide Frauen gleich böse anfährt, reagiert Ilona komplett anders. Warum?

Sie sind, was Sie zu sich sagen!

Weil Ilona innerlich anders mit sich redet: »Was war das denn? Na, vielleicht hat er Ärger. Aber nicht mit uns. Er weiß doch, dass wir das Produktblatt verbessern können: Ist doch nur der erste Entwurf! Also rasch ein neuer Entwurf, damit er sieht, dass wir uns Mühe geben.« Raten Sie mal, welche der beiden Frauen demnächst befördert wird. Richtig. Was will der Marketingleiter mit einer Mitarbeiterin, »die wegen eines Anschisses gleich eingeschnappt ist«, wie er selbst sagt.

Wir sind, was wir uns sagen. Ob wir Erfolg, Sympathie und Glück im Leben ernten, hängt nicht so sehr von unserem Aussehen, unserem Intellekt, den Umständen und anderen Menschen ab, sondern davon, wie wir mit uns selbst reden.

Was eigentlich schon wegen der Exposition logisch ist: Es gibt außer unseren Gedanken, Luft und kosmischer Strahlung keinen anderen Einfluss im Leben, dem wir 24 Stunden am Tag ausgesetzt (exponiert) sind.

Der Innere Dialog ist der stärkste Einfluss in unserem Leben und jene Fähigkeit, die wir am wenigsten beherrschen.

Reden Sie anständig mit sich!

Wir haben in den zurückliegenden Kapiteln oft vom Inneren Dialog gesprochen. Immer wieder haben wir ihn als zentrales Zaubermittel des Selbstcoachings erlebt. Das Problem dabei: Das kann man noch so oft lesen, erleben und eigentlich längst kapiert haben – das klappt trotzdem nicht. Das merke ich im Coaching. Viele Frauen erwarten von mir ein Wundermittel, um damit ihr Leben zu ändern. Dabei beherrschen sie nicht mal jene Methode, die sie (unbewusst) 24 Stunden am Tag anwenden: den Inneren Dialog.

Wir haben den Dialog mit uns selbst verlernt. Oder nie gelernt.

Deshalb üben wir das jetzt im nachfolgenden Vertiefungskapitel für den Inneren Dialog. Es gibt kaum etwas, das Ihnen nützlicher sein wird.

Sprich dich stark!

Wir haben (in Kapitel 3) gesehen, dass Beharrlichkeit so ziemlich die wichtigste Erfolgseigenschaft ist. Warum sind so viele Frauen zwar beim Schnäppchen-Shoppen beharrlich, aber weniger bei den Dingen, auf die es ankommt? Auch das liegt am Inneren Dialog.

Spätestens nach dem dritten gescheiterten Versuch sagen viele: »Das wird nichts! So bin ich halt, ich ändere mich nicht mehr, in meinem Alter, schon meine Eltern hatten damit Probleme, das ist eben eine Frage des Charakters!« Nach drei gescheiterten Versuchen halten viele das für nackte Fakten. Ich verrate Ihnen etwas: Das sind keine Fakten. Das ist lediglich eine Geschichte, die wir uns erzählen. Die Frage ist nicht, ob sie wahr oder falsch ist. Die Frage ist:

Was sagen Sie sich, kurz bevor Sie aufgeben?

Was Sie für Fakten halten, ist oft genug lediglich eine Geschichte, die Sie sich unbewusst erzählen. Also betrachten Sie Ihre aktuelle Geschichte und fragen Sie sich: »Bringt mich diese Geschichte weiter? Welche könnte es besser?«

Klassisches Beispiel: »Der Chef hat mich heute Morgen nicht gegrüßt – habe ich einen Fehler gemacht?« Der Fehler ist kein Fakt, sondern lediglich die Geschichte, die Sie sich erzählen. Tatsächlich hat der Chef heute Morgen Zahnweh – deshalb grüßt er nicht. Nicht nur Sie übrigens. Aber allein Ihre falsche Geschichte erschwert Ihnen den ungezwungenen Umgang mit dem Chef.

Die Storys, die wir uns selbst erzählen

Weil das sogenannte Storytelling, Storymanagement oder einfach nur Geschichtenerzählen so wichtig ist für den Inneren Dialog, schauen Sie nochmals die obige Äußerung einer enttäuschten Frau an: »So bin ich halt, ich ändere mich nicht mehr, in meinem Alter, schon meine Eltern hatten damit Probleme, das ist eben eine Frage des Charakters!« Das ist eine schöne Geschichte. Sie verstößt leider gegen ein Gesetz des Geschichtenerzählens:

Erzählen Sie von Aufgaben und Problemen nicht so, als ob sie unveränderlich wären!

Alter, Eltern und Charakter sind mehr oder weniger unveränderlich. Wenn ich mein aktuelles Problem damit in Verbindung bringe, immunisiere ich es gegen jede Lösung. Ich versuche oft noch nicht einmal, etwas daran zu ändern. Nicht, weil die Aufgabe unlösbar wäre – das ist sie in aller Regel nicht. Sondern weil ich sie als unlösbare Geschichte erzähle. Rita hat das schon erkannt und im Seminar spontan die eben zitierte innere Geschichte umformuliert: »So bin ich halt – aber so möchte ich nicht bleiben. Ich habe mich noch nicht weit genug geändert. Das geht auch in meinem Alter. Und was meine Eltern nicht konnten, kann ich lernen. Das ist keine Frage des Charakters, sondern des guten Willens!« Das sind dieselben Sachverhalte – aber komplett anders erzählt:

Schreiben Sie Ihre Geschichten so lange um, bis sie Kraniche werden, deren Flügel Sie vorantragen.

Einem Kind von acht Jahren würden Sie nie »Das Kettensägenmassaker« als Gutenachtgeschichte vorlesen. Aber sich selbst erzählen Sie dauernd solche Gruselgeschichten? Lassen Sie das. Formulieren Sie um. Mit einer Ausnahme:

Alles Gute, Erfreuliche dürfen und sollten Sie als unabänderlich erzählen!

Loben Sie sich!

Also zum Beispiel nach einem tollen Erfolg: »So bin ich eben! Ich wusste schon immer, dass ich darin gut bin. Das liegt mir im Blut. Das konnte ich schon als Kind.« Selbst wenn das nicht ganz stimmt: Es macht Sie stark. Sie haben bei so einer Selbstlobhudelei aber ein ungutes Gefühl? Dem sollten wir nachgehen.

Warum magst du dich nicht?

Männer haben damit überhaupt kein Problem. Aber Frauen. Viele lehnen Eigenlob innerlich ab. Sie haben kein gutes Gefühl dabei. Das ist fatal:

Den größten Einfluss auf Wohlbefinden, Zufriedenheit, geistige, seelische und körperliche Gesundheit hat Ihre Fähigkeit, sich selbst zu achten, anzuerkennen, zu loben und freundlich zu behandeln.

Seien Sie gut zu sich selbst!

Deshalb lautet in Amerika ein verbreiteter Abschiedsgruß: »Take care of yourself!« Oder kurz: »Take care!« Gib gut auf dich Acht! Oder wie Des'ree, die britische Sängerin, mal sagte: »The greatest gift is, if you can love yourself.« Das können viele Frauen nicht. Was ich zum Beispiel daran erkenne, dass sie sich nicht gern selbst loben. Sie haben ein ungutes Gefühl dabei. Warum?

Ergründen Sie Ihre Gefühle. Hinter jedem Gefühl steckt ein Gedanke. Zuerst ist der Gedanke, dann das Gefühl.

Gedanken machen Gefühle

Das ist Arbeit. Detektivarbeit. Je länger man ein bestimmtes Gefühl hat, desto schwerer ist diese Arbeit. Aber sie lohnt sich. Oft kommt dann dabei etwas Ähnliches heraus wie bei Elena: »Immer, wenn ich mich selbst loben möchte, höre ich eine Stimme: ›Sei nicht so egoistisch!‹ Ich habe der Stimme lange nachgespürt, bis ich herausfand: Das kommt von meiner Omi.« Das hat Omi noch nicht einmal ausgesprochen. Für solche sogenannten Introjekte, also von außen übernommene Glaubenssätze, reicht oft schon ein mimischer oder gestischer Ausdruck: Als Elena mit fünf Jahren einen selbst gebastelten Weihnachtsengel »ganz arg wunderschön« fand, da verzog die geliebte Omi unwillkürlich das Gesicht und schaute verärgert weg. Für ein sensibles Kind reicht das schon, um zu lernen: »Eigenlob ist verboten!« Das glaubte Elena unbewusst weitere 34 Jahre. Sie trug die stimmgewordene missbilligende Mimik ihrer Omi in ihrem Kopf herum: »Du darfst dich nicht loben!« So ein Introjekt ist das perfekte Urteil – man braucht keinen Scharfrichter, der Delinquent führt es selbst aus. Bis er der Höllenmaschine auf die Schliche kommt.

Coach yourself

Sie könnten sich so viel Gutes tun im Leben! Beobachten Sie sich jedes Mal, wenn Sie es nicht tun: Was sagt der innere Monolog? Welche Einflüsterung von außen steckt dahinter? Lassen Sie sich Zeit. Meist braucht man mehrere Anläufe dazu. Das ist okay. Wenn

Sie das Introjekt gefunden haben, genießen Sie seine Absurdität und ersetzen Sie es durch eine zeitgemäße Erlaubnis.

Warum Frauen sich nicht loben lassen

Es ist logisch, dass Elena wegen der Omi-Einflüsterung auch abwehrt, wenn ihr Vorgesetzter sie lobt: »Gut gemacht!« – »Ach, ich hatte auch Glück!« Jeder Vorgesetzte denkt daraufhin: »Große Güte, die Frau hat ja null Selbstbewusstsein und keinerlei Erfolgswillen! Wie soll ich die denn motivieren, wenn ihr der Erfolg am Allerwertesten vorbeigeht?« Entschuldigung, aber so denken Vorgesetzte – und diskriminieren Elena. Nicht, weil sie eine Frau ist. Sondern weil sie ein Mensch mit einer Omi-Einflüsterung ist. Seit Elena dahintergekommen ist, warum ihr kein Mann im Büro mehr Komplimente macht, hat sie die Einflüsterung durch eine Erlaubnis ersetzt: »Anerkennung nehme ich immer an! Alles andere wäre unhöflich. Außerdem habe ich sie mir verdient.« Seither denken die Kollegen nicht: »Die ist ja eingebildet!« Sie denken: »Endlich nimmt sie das mal an, wenn wir sie loben. Ich dachte schon, die hat ein Rad ab.«

Sie sehen: Es ist extrem wichtig für Ihr Glück und Ihren Erfolg, was in Ihrem hübschen Köpfchen vor sich geht. Thoughts matter: Gedanken entscheiden. Vor allem, wenn sie sich um das beliebteste Thema einer Frau drehen: sie selbst. Was denken Sie von sich?

Was denkst du von dir?

Hören Sie sich zu, wenn Sie sich schwertun oder scheitern. Was erzählen Sie sich dann? »So bin ich halt. Ich konnte noch nie gut mit Zahlen. Ich bin eben ein alter Schussel.« Was ist es bei Ihnen?

Coach yourself

Denken Sie an drei Eigenschaften, mit denen Sie regelmäßig Ihr Scheitern in verschiedenen Situationen erklären.

Nehmen wir wieder Rita, weil sie das so schön kann. Sie sagt: »Ich bin undiszipliniert, ängstlich und wenig durchsetzungsstark.« Sie sagt das so wie frau sagen würde: »Ich bin 34, ein Meter siebzig groß und eine Frau.« Das sind alles unabänderliche Größen – wenn ich mich nicht gerade einer OP unterziehe. Deshalb ändere ich mich auch nicht mehr. Nicht weil ich es nicht könnte oder weil der Charakter eines Menschen unabänderlich wäre – er ist es nicht. Sondern weil ich meine schlechten Eigenschaften als unabänderlich *formuliere*, als sogenannte Traits, fixe Charaktereigenschaften. Das ist Gift für den Inneren Dialog:

Wie erklären Sie sich die Welt?

Weg von Traits, hin zu States!

Wenn Sie in brenzligen Situationen über sich nachdenken, überführen Sie Traits in States: Zustände. Rita macht das: »Ich bin manchmal etwas undiszipliniert, in bestimmten Situationen zu ängstlich und könnte etwas an meiner Durchsetzungsstärke arbeiten.« Wieder: dieselben drei Sachverhalte, aber »flüssig« ausgedrückt. Das können wir verallgemeinern:

Wie erklären Sie sich selbst?

Formulieren Sie Probleme, Hindernisse und Risiken immer so, dass ihr Veränderungspotenzial deutlich wird im Sinne von: Das ist jetzt zwar so, kann aber verändert werden.

Wenn Sie es nicht »flüssig« formulieren, werden Sie kaum je die Motivation aufbringen, es zu probieren. Und nur wer es versucht, derjenigen kann es gelingen.

So wie Sie etwas erklären, so ist es auch

Hören Sie sich selbst zu, wenn Sie über Aufgaben, Probleme und Herausforderungen reden oder nachdenken, zum Beispiel: »Das schaffe ich nicht!« Fragen Sie sich: Würde ein netter Mensch, der mich liebt und möchte, dass ich im Leben erfolgreich bin, das Problem, die Aufgabe oder meine Fähigkeiten so beschreiben? Wenn nicht, wie dann?

»Du schaffst das, Baby!« Ach nee? Jetzt in echt? So würde ein Mensch, der nur Ihr Bestes will, zu Ihnen reden? Das glaube ich nicht. Das glauben Sie vor allem selbst nicht.

Red glaubwürdig!

Circa drei Millionen Bücher zu positiven Selbstsuggestionen, Affirmationen und generell zum positiven Denken wurden verkauft: »Du schaffst das! Du musst das nur fest genug wollen!« Einmal abgesehen davon, dass das nicht wirklich das ist, was ein intelligenter Mensch unter positivem Denken verstehen, geschweige denn als solches praktizieren würde: Das ist Bullshit! Das funktioniert in unseren Breitengraden nur selten (in den USA weitaus häufiger: eine manchmal etwas naive Nation). Weil eine westeuropäische Frau solche hurra-enthusiastischen Suggestionen niemals glauben würde. Deshalb lässt sie's: Sie verzichtet auf positive Selbstsuggestionen. Das ist verständlich, aber die falsche Schlussfolgerung:

Formulieren Sie Ihre Geschichten über sich und die Welt positiv, konstruktiv, flüssig – aber bitte immer so, dass es für Sie glaubwürdig ist und sich gut anfühlt!

So lange mit sich selbst reden, bis es passt

Das dauert aber immer, bis Sie die richtige Formulierung gefunden haben? Das ist normal. Genau das ist der Innere Dialog: Frau redet so lange mit sich, bis es passt. Wieder an Ritas Beispiel: »Ich bin eine tolle Kundenberaterin! Nee, das stimmt jetzt wirklich nicht. Ich weiß, dass ich das sein müsste, aber ich bin das einfach nicht. Mir knallt viel zu schnell die Sicherung durch. Aber das ist negativ. Was wäre positiv? Dass ich Technik gut erklären kann? Okay. Aber das verändert mein Beratungsverhalten noch nicht. Welche Formulierung könnte das? Ah, jetzt weiß ich es: Ich bin technisch top – und beziehungstechnisch auf dem besten Weg!« Das ist genial! Ist Rita genial? Nein. Und sie wäre die erste, die das zugeben würde. Es liegt an etwas anderem:

Wenn Sie nicht (schnell, einfach, leicht oder weit genug) weiterkommen, dann liegt es nicht daran, dass Ihnen keine gute Lösung einfällt, sondern dass Sie den Inneren Dialog noch nicht weit genug geführt haben. Sie müssen nur locker und gern mit sich selbst reden (lernen) und Sie kriegen alles gebacken. Mein Wort drauf!

Aber manchmal ist das Leben und sind die Aufgaben wirklich sauschwierig? Danke für den Hinweis. Dem gehen wir jetzt nach.

Red mit dir, wenn es dick kommt!

Wenn wir im Coaching oder Seminar beisammensitzen, seufzen viele Frauen: »Aber was ich derzeit stemmen muss, ist wirklich schwierig!« Das stimmt immer. Und das ist Self-Talk. Eben nicht besonders hilfreich. Wobei:

Sagen Sie ruhig, wie schwer es Ihnen fällt! Das muss gesagt werden, das muss raus, das erleichtert. Aber wenn Sie daraufhin nichts anderes mehr sagen, bleiben Sie in der depressiven Sprachschleife stecken!

Der Konstruktive Innere Dialog (KID)

Das ist die Aufgabe des Konstruktiven Inneren Dialogs (KID): Finden Sie einen Weg raus! Sprechen Sie einen Weg raus. Es gibt immer einen. Rike zum Beispiel sagt: »Ich muss in meinem Job auch große Kunden knacken können – aber ich weiß einfach nicht wie!« Das stimmt ganz sicher. Aber das hilft Rike nicht weiter. Wie wäre es mit: »Mir wird schon was einfallen!« Nee! Wenn Rike so optimistisch wäre, dann hätte sie das Problem überhaupt nicht. Für solche Fälle empfehle ich gern die Auch-wenn-Technik:

Leugnen Sie ein Hindernis nicht. Formulieren Sie es nicht einfach ins Gegenteil um. Formulieren Sie mit »auch wenn«!

Rike zum Beispiel formuliert: »Ich muss große Kunden knacken können – auch wenn ich jetzt noch nicht weiß wie!« Wie fühlt sich das an? Richtig: ganz anders. Und wir haben noch nicht mal Rikes Problem. Aber wir spüren, dass dieser Satz besser ist, uns stärker aktiviert, uns in eine offene Zukunft schickt, während der andere die Zukunft verschließt.

Coach yourself

Denken Sie an zwei Situationen, in denen Sie ratlos sind. Wie fühlen Sie sich auf einer Skala von 0 (völlig demotiviert) bis 10 (motiviert bis in die Haarspitzen)? Stellen Sie für beide Situationen eine Auch-wenn-Formulierung auf! Wie fühlen Sie sich jetzt?

Noch eine Formulierung, die vor allem in komplexen, total unübersichtlichen Situationen hilft. Sie stammt aus der wissenschaftlichen Forschung und wird dort angewandt, wenn eine Datenlage völlig verworren ist.

Wenn eine Situation völlig verworren ist, sagen Sie sich: Ich suche das Muster im Chaos.

Muster gibt es überall. Und je mehr Sie finden, desto mehr beschäftigen Sie sich auf systematische Weise mit der Situation und desto eher und schneller finden Sie einen Ausweg. Aber es gibt nun mal unlösbare Situationen? Wer sagt das?

Verweigere Introjekte!

Wer flüstert Ihnen etwas ein?

Es sind nicht nur unsere Omis oder Eltern, die uns häufig mit Introjekten versorgen. Auch die Medien, Kollegen, Politiker und alle anderen Menschen können unser Denken intensiv vergiften, zum Beispiel: »Bei uns in der Firma bekommen Frauen eben nicht die guten Positionen!« Das höre ich oft. Dann frage ich immer: »Wer sagt das?« – »Jeder!«, kommt dann oft als Antwort. Oder: »Weiß ich nicht, aber das erzählt man sich eben bei uns.« Neulich sagte mir eine nette Dame, dass sie so viel Sport treibe und immer noch nicht abnehme. Ich fragte: »Wer hat Ihnen gesagt, dass man mit Sport allein und ohne Korrektur der Ernährung abnehmen kann?« – »Na, das habe ich irgendwo gelesen. Oder gehört.« Und geglaubt? Geglaubt?

Was haben erwachsene Menschen mit vierjährigen Kindern gemein? Sie glauben jeden Scheiß.

Dieser »Scheiß« heißt wissenschaftlich: Introjekt. Und dass wir ihn glauben, nennt man Introjektion: Man hört oder sieht etwas und übernimmt es einfach unbewusst, kritik- und gedankenlos als gegebene Tatsache. In unserer Welt der Lügen, Desinformation, politischen Propaganda und Werbung! Muss frau sich mal vorstellen. Sind wir noch zu retten?

Ihnen kann man aber auch alles erzählen!

Überprüfen Sie Ihre zentralen Annahmen, Prinzipien und Axiome laufend. Schmeißen Sie nach und nach ganz konsequent sämtliche Introjekte aus Ihrem Unterbewusstsein! Gewöhnen Sie es sich ab, Nachrichten von außen unkritisch zu übernehmen.

Machen Sie eine Liste. Finden Sie bis zum nächsten Abend drei Introjekte und setzen Sie sie vor die Tür!

Coach yourself

Aktiviere den Affekt!

Einmal besuchte mich meine Tochter und bezog unsere kleine alte Ferienwohnung. Die Tage waren schon kühl und wir brachten in dem alten, komplizierten Holzofen einfach kein Feuer an. Sie sagte: »Na, dann schlaf ich eben bei dir in der Wohnung!« Ich hörte mich zu meiner eigenen Überraschung sagen: »Moment mal, so schnell geb' ich nicht auf! Das kann doch nicht sein, dass wir dieses dämliche Ding nicht angezündet kriegen!« Was fällt Ihnen an diesem laut ausgesprochenen Inneren Dialog auf?

Ganz offensichtlich: Mich packte der Ehrgeiz. Das ist gut! Wenn Sie mit sich selbst reden, dann versuchen Sie auch, möglichst viele möglichst intensive positive Gefühle zu wecken:

Wecken Sie Ihre Emotionen!

Statten Sie Ihren Konstruktiven Inneren Dialog mit möglichst vielen starken aktivierenden Gefühlen aus!

Emotionale Intelligenz einsetzen

Nein, das kommt meist nicht von selbst! Diese Gefühle muss frau ganz bewusst wecken. Das nennt man Emotionale Intelligenz (s. mein Buch *Emotionale Intelligenz für Frauen. Gefühle und Intuitionen als weibliche Stärken einsetzen*. München: Redline-Verlag, 2008.). Sollen Frauen angeblich besonders viel haben. Haben Sie's gemerkt? Das ist schon wieder so ein Introjekt. Wenn Sie das glauben, dann fühlen Sie sich mies, wenn es Ihnen nicht auf Anhieb gelingt, positive Emotionen zu wecken. Also stoppen Sie die Introjektion. Viel besser ist: »Ich werde mit jedem Versuch besser darin, positive Gefühle zu wecken!« Und noch etwas:

Sie brauchen für brenzlige Situationen Self-Supporting Sentences, Notfallsätze zum Sofortaufbau.

Ich hatte in der Ofen-Situation folgenden Notfallsatz benutzt: »Moment mal, so schnell geb' ich nicht auf!« Das hilft mir fast immer. Was hilft Ihnen fast immer? Finden Sie's raus. Überlegen Sie, formulieren Sie und dann beobachten Sie die Wirkung.

Coach yourself

Erstellen Sie eine Liste brenzliger Situationen. Legen Sie sich für jede einzelne Situation mindestens einen KID-Notfallsatz zu. Beginnen Sie bei ganz unbedeutenden Situationen.

Formuliere handlungsorientiert!

Wie Erich Kästner sagte: »Es gibt nichts Gutes/ außer: Man tut es.« Wenn ich manchmal Manager beim Meeting oder Frauen beim Kaffeeklatsch belausche – ungefähr vergleichbare Kommunikationsformen –, bin ich ganz entzückt: Die können stundenlang reden, ohne dass auch nur ein Satz auf eine konkrete Tätigkeit hinweisen würde: Was geschieht jetzt? Was muss getan werden? Wer macht was? Alles Fehlanzeige.

Frauen, die was bewegen (wollen), reden anders

Es ist okay, wenn Männer über Formel 1 und Frauen über Mode reden – aber das bringt uns nicht weiter! Neulich rief ich bei einem meiner Kunden an. Seine Sekretärin sagte: »Er ist nicht da. Ich weiß nicht, wo er ist. Keine Ahnung, wann er zurück ist.« Ich bedankte mich artig und legte wie im Nebel auf: ratlos, schlecht beraten, im Regen stehend. So fühlte ich mich. Wie's der Zufall so will, erging es mir am selben Tag noch einmal so. Diesmal sagte die Sekretärin: »Er ist im Meeting. Das dauert noch bis 15 Uhr. Probieren Sie es doch danach bitte wieder!« Ich fühlte mich gleich besser. Warum? Weil ich jetzt wusste, was ich *tun* konnte. Ich rief nach 15 Uhr wieder an. Den ersten Kunden habe ich drei Wochen lang nicht mehr angerufen – irgendwie kam immer etwas dazwischen.

Dialogisieren Sie innerlich so lange, bis der Dialog an die Stelle kommt: Was ist jetzt zu tun?

Weiß frau das nicht auch ohne Worte? Nein und das ist bewiesen. Es gibt viele Experimente, die das sogenannte Priming nachweisen, die verbale Prägung: Wenn Sie Ihre Küche nach einem Festmahl anschauen und nur »Oje! Sauerei! Geschirr! Dreck! Müll!« denken, dann fällt Ihnen die Aufräumarbeit sehr viel schwerer und dauert länger, als wenn Sie aktivisch denken, das heißt, sich aufs Handeln prägen mit »Erst das Geschirr spülen! Dann die Töpfe säubern! Und zum Schluss den Müll runtertragen lassen!«. Das ist aber nur ein winziger Unterschied? Stimmt. Ein kleiner Unterschied, der den großen macht: So mächtig sind Ihre Worte. Also wählen Sie sie weise! Und möglichst direkt.

Direktes Reden

»Ich habe schon wieder kalte Füße!« Was ist das? Typisch Frau: indirektes Reden. Was möchte die Frau ihrem Partner damit sagen? »Bitte dreh die Heizung auf!« Oder: »Bitte massier' mir die Füße!« Oder: »Bitte pack meine Füße in eine warme Decke!« Was er nicht macht. Weil er weder Gedanken lesen kann noch die Kunst des indirekten Redens beherrscht. Genau das beanstanden wir doch an Männern: Die sind immer so brutal direkt und unhöflich! Und dann erwarten wir von ihnen, dass sie unser indirektes Reden verstehen. Typisch.

Bringen Sie sich die Kunst des direkten, aber höflichen Redens bei!

»Meine Füße frieren. Könntest du bitte die Heizung aufdrehen?« Ist das so schwer? Ja. Für Frauen ist das schwer. Heißt das, dass Sie es lassen sollen? Für viele heißt es das. Für Sie offensichtlich nicht. Denn Sie lesen ein Buch darüber, wie Sie besser werden können. Also üben Sie an kleinen Dingen das direkte Reden.

Coach yourself

Überlegen Sie sich drei Situationen, in denen Sie typischerweise indirekt reden. Legen Sie sich direkte Formulierungen zurecht.

Schnelle Tipps zum Change-Talk

Wir können die Welt oft nicht ändern. Aber wir können die Worte ändern. Und wenn Sie die Worte ändern, ändern Sie die Welt. Das ist ein so erstaunlicher Zusammenhang, dass daraus eine ganze Wissenschaft entstanden ist, das Neurolinguistische Programmieren (NLP). Also: Formulieren Sie! Vor allem: Formulieren Sie um! Nehmen Sie sich ein Beispiel an folgenden Sätzen aus dem alltäglichen Sprachgebrauch und machen Sie die Verwandlung mit Ihren eigenen Beispielen: vom Frust-Talk zum Change-Talk.

Frust-Talk	Change-Talk
»Das ist ein Problem!«	»Das ist eine Aufgabe!«
»Die mögen mich nicht!«	»Ich werde Sie für mich gewinnen!«
»Ich muss ...!«	»Ich werde ...!«, »Ich entscheide mich dafür, ...«, »Ich will ...«
»Ich habe das noch nie gemacht!«	»Ich finde erst mal raus, wie das funktioniert.«
»Das kann ich nicht.«	»Ich probiere das mal aus.«
»Was, wenn ich versage?«	»Was passiert im schlimmsten Fall? Das stecke ich weg!«
»Diese Idioten!«	»Was ist mein Problemanteil?«
»Der kapiert das nie!«	»Was kann ich tun, damit er es versteht?«
»Das ist nicht gut genug!«	»Es ist nicht perfekt – aber gut genug!«
»Aber was, wenn sie mich dann nicht mehr mögen?«	»Ein wenig säuerlich dürfen sie schon sein. Das ist es mir wert. Das bin ich mir wert!«
»Ich interessiere ihn überhaupt nicht mehr!«	»Wie gewinne ich seine Aufmerksamkeit?«
»Was soll der Scheiß? Ich verstehe sie nicht!«	»Wozu macht sie das? Welches Interesse könnte dahinterstehen?«
»Schon wieder ein Rückschlag! Ich schaffe das nicht!«	»I pick myself up, I dust myself off – I'm starting all over again!«
»Es gibt einfach keine guten Männer mehr!«	»Wo finde ich einen? Wie? Was definiert ihn?« Oder besser: »Was könnte ein Mann für mich tun, was ich nicht selbst (besser) für mich tun kann?«

Die Shakespeare-Strategie

Vom Frust-Talk zum Change-Talk

Den üblichen Frust-Talk in den unüblichen Change-Talk zu verwandeln, ist eine einfache, aber keine leichte Übung. Es ist eine Art rhetorisches Zen: eine Alltagsübung fürs Leben. Sie benötigt unsere Achtsamkeit – darin sind Frauen glücklicherweise gut, sofern und solange sie auf die richtigen Dinge achten. Das gelingt den meisten Frauen auch. So gut, dass ich mich früher oft gefragt habe, was denn der Unterschied in Bezug auf den inneren Dialog zwischen erfolgreichen und weniger erfolgreichen, zwischen glücklichen und weniger glücklichen Frauen ist. Es ist die Shakespeare-Strategie:

»This above all, to thine own self be true«, sagt Polonius in Shakespeares Hamlet (Akt 1, Szene 3). Will heißen: Bleib deinem Self-Talk treu!

Jede Frau redet mit sich. Die meisten schaffen es sogar dann, wenn es darauf ankommt, die richtigen Worte an sich zu richten, zum Beispiel: »Vom Chef lass' ich mich nicht unterkriegen!« Und dann ist der Chef überraschend mal besonders eklig, eine Kollegin giftet dazwischen oder die IT stürzt ab – und schon rutscht frau wieder in die Zickenspur des inneren Monologs. Kennen wir alle, passiert uns dutzendfach am Tag. Nicht den Superfrauen. Deshalb gibt es unter den Marktweibern mehr davon als auf den Vorstandsetagen: Je gebildeter eine Frau, desto leichter lässt sie sich anscheinend in ihren Konstruktiven Inneren Dialog reinreden, lässt sich ihre Self-Supporting Sentences ausreden, wird sich selbst untreu: Above all, to thine own self be true. Daher:

Wenn Sie sich einmal für bestimmte Self-Supporting Sentences entschieden haben, dann stehen Sie auch gegen alle äußeren Anfeindungen und Versuchungen dazu! Weil Sie es sich wert sind.

Finde dein Zauberwort!

Am Anfang war das Wort. Und ohne das Wort ist nichts geworden. So steht es in der Bibel, in der Schöpfungsgeschichte. Wir aber stürzen uns in die tägliche Arbeit und benutzen das Wort höchstens, um zu jammern, uns leidzutun, mit Freundinnen zu lästern oder unserem Unmut Luft zu machen. Das ist wichtig. Aber das ist, wie wenn man mit Edelsteinen einen Mistkarren schmückt: eine Verschwendung. Wir sollten erst das Wort ändern, es formen, es intelligent formulieren – denn dann fällt uns die Arbeit sehr viel leichter und die Welt ändert sich manchmal wie von allein.

Worte nutzen

Nutzen Sie das Wort! Beobachten Sie, was Sie denken. Nicht als schweißtreibende Selbstzensur! Sondern als angenehme Beobachtung ganz nebenbei. Dann macht das Spaß. Dann entdecken Sie, wie oft Sie sich schlicht und einfach mit der falschen Formulierung selbst das Leben schwer machen. Und dann können Sie es besser *machen*, weil Sie es besser *formulieren*!

Was für Harry Potter sein Zauberstab ist, ist für Sie das Wort: Verzaubern Sie damit!

8 Pack's an!

»Talent ist wichtig. Tools sind wichtiger.«
MADELEINE ALBRIGHT

Technik, nicht Talent

Nehmen wir mal an: Es klappt gerade nicht so bei Ihnen. Sei es im Beruf, in der Familie, in der Beziehung oder generell im Leben. Es läuft nicht so, wie Sie sich das vorstellen: Was denken Sie jetzt?

Viele denken: »Warum schaffe ich das nicht? Was mache ich falsch?« Sie auch? Wenn Frauen ihre Fähigkeiten anzweifeln, sage ich im Coaching oft: »Sie machen nichts falsch. Aber womöglich benutzen Sie das falsche Instrument!« Das leuchtet auf Anhieb ein:

Unsichere Frauen machen sich zweifelnde Gedanken über ihre Fähigkeiten. Starke Frauen machen sich konstruktive Gedanken über ihre Instrumente.

Einer dieser konstruktiven Gedanken lautet:

Je mehr Tools in Ihrem Werkzeugkasten sind, desto besser gestalten Sie Ihr Leben.

More tools!

Wer nur einen Hammer hat, für die sieht alles wie ein Nagel aus. Wenn dann eine Schraube am Küchenschrank locker ist, schadet ein Hammer eher.

Wenn es im Leben, im Beruf oder in der Beziehung nicht so läuft: Bezweifeln Sie nicht Ihre Fähigkeiten, schieben Sie nicht die Schuld auf andere oder die Umstände. Wechseln Sie lieber Ihr Werkzeug.

Diese Empfehlung macht Schluss mit Ratlosigkeit oder Verwirrung:

Coach yourself

Sind Sie manchmal ratlos, verwirrt? Schauen Sie sich um: Welches Instrument könnte Ihnen jetzt weiterhelfen?

Alles ist Tool!

In einem Seminar sagte Petra dazu: »Ich soll Werkzeug verwenden? Auch in meiner Beziehung? Ich weiß nicht, ob ich das kann!« Aber das tat sie schon lange, zum Beispiel: »Heinz, warum hast du unseren Zweitwagen noch immer nicht in die Werkstatt gebracht?« Heinz verriet mir hinter vorgehaltener Hand: »Ständig höre ich solche Suggestivfragen von ihr!« Und Suggestivfragen sind kein Kommunikationsinstrument? Seit wann nicht? Petra war baff: »So habe ich das noch nie gesehen. Wäre eine Bitte etwas anderes?« Ja. Ein anderes Instrument. Wie reagiert Heinz darauf? »Erstaunlicherweise besser«, sagt Petra in der nächsten Coaching-Sitzung. Erstaunlicherweise? Erstaunlicherweise???

Anderes Instrument = andere Wirkung.

Wenn Sie immer nur das machen, was Sie immer machen, passiert immer das, was immer passiert, sagt das Neurolinguistische Programmieren. Variatio delectat, sagt Cicero: Abwechslung bringt Freude. Aber nur, wenn frau flexibel ist. Petra sagte zuerst: »Warum sollte ich anders mit Heinz reden? So wie ich das sage, soll der das endlich kapieren!« Das ist wünschenswert, aber flexibel ist es nicht: Wollen Sie mit dem Kopf durch die Wand oder lieber Erfolg? Flexibilität ist Einstellungssache (s. Kapitel 1). Wir tendieren dazu, es immer so zu machen, wie wir es immer gemacht haben – und das auch noch lauthals zu verteidigen. Peinlich. Petra treibt mit ihren Suggestivfragen ihren Partner nicht mit Absicht in Verweigerung und Wahnsinn, sondern mit mangelnder Flexibilität: Sie kam erst spät auf die Idee, die Technik zu wechseln. Daher:

Erweitern Sie jeden Tag Ihre Flexibilität im Hinblick auf neue Techniken und Tools.

Arbeiten Sie an beidem: an Ihrer Einstellung und an Ihren Techniken. Techniken sind wie Perlen: Legen Sie sich viele schöne davon zu. Was steht denn so zur Auswahl?

Hör auf dich!

Gundel klagt: »Der Chef sagt so, meine Kollegen sagen so, mein Kunde sagt was anderes und unsere Entwickler sagen noch was ganz anderes – was soll ich denn nun machen?« Frauen sind so empathisch und rücksichtsvoll, dass sie auf alle und alles hören – leider nur selten auf sich selbst.

Sie müssen nicht immer machen, was Ihre innere Stimme sagt. Aber Sie sollten sie immer anhören.

Selbstcoaching heißt Fragen

Die innere Stimme ist ein fantastisches Instrument, das Frauen viel zu oft unbenutzt lassen, ja überhören. Wenn wir das Hineinhorchen im Seminar üben, sagen viele: »Ich höre/spüre da was. Aber ich kann das nicht in die aktuelle Situation einbringen.« Warum nicht? Mit dieser Frage beginnt das Selbstcoaching. Fragen heißt Coachen. Warum können Sie Ihr Innerstes nicht ins wirkliche Leben einbringen? Was hindert Sie? Wie überwinden Sie das Hindernis? Wie könnten Sie sich für den Anfang ein ganz klein wenig einbringen? Diese Fragen bringen Sie weiter, weil Sie damit Ihre inneren Eindrücke erkennen und fassbar machen. Daraus ergibt sich ein weiteres Tool:

Best of both worlds: Manchmal sollten Sie innere Eindrücke nach außen bringen, manchmal äußere nach innen. Gestalten Sie die Balance jeweils der Situation angemessen.

Apropos Innenleben: Wollen Sie da nicht endlich mal die Möbel umstellen?

Mood Management

Neulich sorgte sich eine Telefon-Coachee über ein unmittelbar anstehendes Kundengespräch: »Ich bin heute schon den ganzen Tag nicht in der Stimmung für Gespräche mit so schwierigen Kunden!« Das erstaunte mich: »Essen Sie keine Schokolade?«

Schokolade, Shoppen, Frisör: Wir beeinflussen ständig unsere Stimmung! Nur nicht dann, wenn's drauf ankommt.

How do you want to feel today?

Noch nie etwas von Mood Management gehört? Auch Gefühlsgestaltung oder Affektregulation genannt. Das kann man? Man kann. Und frau auch. Oft sogar besser:

Warten Sie nicht auf bessere Stimmung. Sorgen Sie dafür!

Nicht unbedingt auf die amerikanische Art: »Ich bin supergut drauf!« Wenn das bei Ihnen funktioniert: Gratulation! Weitermachen! Wenn nicht, kann es daran liegen, dass Sie dabei ein Gefühl ignorieren – und das blockiert insbesondere hoch sensible und intelligente Frauen recht oft: Wenn Sie sich heute mies fühlen, möchte Ihnen dieses Gefühl etwas sagen (innere Stimme, s. Seite 137). Hören Sie zu.

Coach yourself

Wie fühlen Sie sich? Hören Sie auf das aktuelle Gefühl. Beschreiben Sie es: »Ich fühle mich so ... » Sagen Sie es sich gedanklich oder laut ein Dutzend Mal. Überrascht? Ja, das Gefühl ändert sich dabei. Weil es endlich wahrgenommen wird. Jetzt können Sie ein anderes, positiveres Gefühl dazugesellen, weil das erste Gefühl es jetzt zulässt.

Positive, aktivierende, selbststärkende, mutmachende Gefühle sind dabei am häufigsten gefragt. Wie aktivieren Sie diese? Ich habe diese Frage Coachees und Seminarteilnehmerinnen gestellt und Anregungen gesammelt: Yoga-Atmung, fünf Minuten ausgelassen tanzen, Treppen raufrennen, Lieblingsmusik hören, Kopf in den Nacken legen, Yoga-Übungen, Schattenboxen, Hände zu Fäusten ballen, isometrische Übungen, fünf Minuten auf dem Ergometer oder Cross-Trainer, Schwimmen, eine Minute lang lächeln, Mantra vorsagen, an Sex denken, fürsorglicher innerer Monolog, aufmunternde Buchseiten lesen, sich mit Kindern beschäftigen, was Leckeres kochen ... Was gibt Ihnen gute Gefühle? Testen Sie diese Stimmungsmacher, listen Sie sie auf, verfeinern Sie sie.

Nutzen Sie Mood Booster!

Auffallend an vielen der genannten Mood Booster: Sie sind körperzentriert. Deshalb wirken sie oft schneller und einfacher als rein kognitive Techniken (innerer Monolog, Suggestionen, Visualisierung). Bewegt sich der Körper, wird auch der Geist munter. Die Frage ist lediglich: Welche Art von Bewegung aktiviert bei Ihnen welche Gefühle? Testen Sie das, nutzen Sie es.

Gefühle zaubern: Verbalprägung

Wie fühlen Sie sich? Beschreiben Sie das bitte in zwei, drei Worten. Mehr nicht. Und nun sagen Sie sich bitte laut vor: »Traurig, traurig, traurig ...« Bitte eine Minute lang. Brauchen Sie nicht? Weil Sie den Effekt kennen? Ja, Worte sind mächtig. Worte sind Gedanken und Gedanken machen Gefühle. Wer nur lange genug »traurig« denkt, schreibt (Tagebuch!) oder sagt, wird tatsächlich traurig(er). Jede weiß das: Eine Depression kann man auch herbeireden. Ein Hochgefühl ebenfalls. Denken Sie nur an die Worte: »Willst du mich heiraten?« Oder: »Schatz, ich liebe dich.« Dabei kommt sofort ein gutes Gefühl auf!

Wir werden zu dem, was wir lang oder intensiv genug sagen, lesen, schreiben oder denken. Das nennt man Verbalprägung.

Also sagen Sie sich vor einem Gehaltsgespräch einfach fünfzig Mal »selbstbewusst!«? Nein. Denn das kann a) zu ungenau, b) zu abstrakt und c) für Sie persönlich zu unglaubhaft sein:

Magische Gefühlsworte wirken nur, wenn Sie sie spezifisch und authentisch wählen – und testen.

Katleen sagt sich vor ihrem Gehaltsgespräch zum Beispiel: »Beharrlich. Ausdauernd. Überlegt.« Merken Sie was? Frau spürt was bei diesen aktivierenden Worten. Genau das wollen wir. Und wenn Ihnen jemand krumm kommt?

Wenn sie dir krumm kommen: Reframe!

»Der Markus ist so eine linke Bazille!«, schimpft Ursel. Susi stimmt ein. Zehn Minuten lang lästern beide über Markus, weil er schon wieder sein schmutziges Geschirr einfach auf dem Tisch stehen ließ: »In fünf Jahren hat er kein einziges Mal die Spülmaschine eingeräumt!« Dafür haben es Ursel und Susi in zehn Minuten geschafft, sich fürchterlich aufzuregen. Sie haben damit ihr Selbstwertgefühl beschädigt, die Beziehung zu Markus belastet und am Problem selbst nichts geändert. Warum nicht?

Wir werten ständig. Das ist normal. Nicht normal ist, wenn uns und anderen diese Wertungen schaden.

Werten Sie alles um!

Da Markus nie aufräumt, schimpfen Ursel und Susi fast jeden Tag. Irgendwann kommt Nele dazu und sagt: »Den Markus biegen wir uns jetzt zurecht! Das wäre der erste Mann, der unsrer Frauenpower widerstehen kann!« Ursel und Susi machen große Augen. Warum? Weil Nele umgewertet hat: Eben wurde Markus noch von der versammelten Frauenwelt als »linke Bazille« bewertet, das heißt als Problem, gegen das frau nichts machen kann und das deshalb aus Frauen schimpfende Opfer macht – was übrigens die Definition von »Zicke« ist. Nele wertet anders. Sie wertet Markus um, nämlich zur lohnenden Entwicklungsaufgabe. Warum? Weil Nele weiß, was ein Reframe ist, eine Umwertung. Erfolgreiche, starke, selbstbewusste Frauen werten zwei Mal in der Minute um. Die machen das ständig! Meist ohne sich dessen bewusst zu sein. Das ist denen schon so ins Blut gegangen: »Nein, der Chef ist nicht sauer auf mich, der hat bloß einen schlechten Tag. Nein, ich muss es nicht noch besser machen, gut ist nämlich gut genug. Nein, ich muss nicht schon wieder Ja sagen.« »Nicht jetzt! Später vielleicht!« ist auch eine akzeptable Antwort.

Warten Sie, bis wieder was passiert, das Sie belastet: Schauen Sie es sich an. Betrachten Sie Ihre meist unbewusste Wertung. Jetzt werten Sie bewusst um! So gestalten Sie die Welt.

Coach yourself

Wie läuft Ihre Umwertung? Kriegen Sie das hin? Sie sind sich nicht sicher? Fragen Sie doch jemanden. Auch das ist ein Instrument, das fast alle kennen, aber kaum eine anwendet: Feedback.

Feedback ist Holschuld

Es gibt keine nachhaltige Verbesserung ohne Feedback. Aber der Chef sagt Ihnen nicht, was Sie besser machen können? Das ist naiv: Feedback kommt in der Regel nicht von selbst. Das muss frau sich holen. Und nicht unbedingt von der besten Freundin, deren Feedback Sie sich eigentlich schon denken können.

Suchen Sie sich für jedes Thema jemanden, der/die hoch kompetent ist, den/die Sie gut verstehen und dem/der Sie vertrauen.

Expertenrat suchen

Ich weiß, das ist nicht leicht. Wir sind meist von unsympathischen Experten oder sympathischen Inkompetenten umgeben. Aber wer sucht, die findet die Ausnahmen. Ich fand auch erst nach Jahren einen mir sympathischen Experten für meine juristischen Angelegenheiten. Wann immer ich das Gefühl habe, dass ich mich in einer Vertragsverhandlung über den Tisch ziehen lassen könnte, frage ich ihn: »Ich habe gestern so und so argumentiert. War das deiner Meinung nach klug verhandelt?« Er rückt mir dann präzise, aber sehr freundschaftlich den Kopf zurecht: Unbezahlbar, so ein Feedback! Mir tut jede Frau leid, die meint, das Leben ganz allein und ohne kompetentes Feedback schaffen zu müssen (Antreiber-Einstellung »Ich schaff alles allein!«, s. Kapitel 1). Auch deshalb brennen Frauen aus, werden depressiv oder verbiestert: Das Leben schafft keine(r) im Alleingang. Deshalb brauchen wir Menschen, die uns mit Feedback versorgen. Haben wir nicht? Wollen wir das? Nein, jetzt im Ernst: Wollen Sie das?

Willst du das?

Machen Sie Ihren Willen zum Instrument Ihres Handelns! Wie? So:

Fragen Sie sich alle Nase lang: Will ich das? Wirklich?

Eine fantastische Frage. Sie weckt augenblicklich den eigenen Willen. Sie motiviert und verleiht Mumm. Sie beseitigt oder reduziert Hemmungen, Zweifel und Ängste. Sie hilft sogar, belastende Gefühle zu verwandeln: Will ich mich jetzt so fühlen? Nein, das will ich nicht! Und schon hat sich das Gefühl ein wenig verändert. Will ich wirklich so einen Chef haben? Nein, das will ich nicht! Also höre ich auf zu leiden und überlege, was ich dagegen unternehmen kann. Will ich wirklich mit dieser gefühlskalten Dumpfbacke den Rest meines Lebens verbringen? Ich glaube, Sie erkennen die Nützlichkeit dieses Instruments ...

Change History

Aus Fehlern lernen

Diese Technik entstammt dem Neurolinguistischen Programmieren (NLP). Sie wirkt Wunder vor allem dann, wenn Sie sich dabei ertappen, dass Sie zum x-ten Male denselben dummen Fehler machen! Erst mal: Keine Selbstvorwürfe! »Aus Fehlern wird man klug!« ist völliger Quatsch: Niemand wird auf Anhieb aus Fehlern klug. Fehler sind uns meist unangenehm, weshalb frau sie schnellstmöglich verdrängt, verniedlicht, überspielt, andere dafür verantwortlich macht oder sich ihrer schämt. Und wer verdrängt und sich schämt, lernt nichts daraus. Das Gehirn ist diesbezüglich einfach konstruiert: Entweder Sie verdrängen oder Sie lernen! Daher:

Verdrängen Sie Fehler nicht! Gehen Sie gedanklich in die Situation zurück und ändern Sie die Geschichte! Spielen Sie die Situation gedanklich noch einmal durch. Aber jetzt besser. Und beim nächsten Durchgang noch besser. So lange, bis Sie zufrieden sind.

Ich weiß, am Anfang sind Scham, Furcht, Selbstvorwürfe und Verdrängungstendenzen riesengroß. Manche brauchen Wochen zaghafter, sporadischer Versuche, bis sie sich auch nur gedanklich in peinliche Situationen zurückversetzen können. Aber dann klappt es und dann lernt frau ungeheuer viel dazu. Dann und nur dann lernt frau aus Fehlern. Und dann nehmen Sie Fehler auch nicht mehr als Fehler wahr, sondern als Chancen zum Besserwerden (= Reframe, s. Seite 140). Unschätzbare Chancen! Und wenn morgen so eine Situation wieder auftaucht? Gute Frage.

Schwachstellen-Alltagstraining

Wo ist Ihre Schwachstelle?

Was wollen Sie besser machen? Nach sieben Kapiteln Selbstcoaching wissen Sie das – wenn Sie das nicht längst schon wussten. Agneta zum Beispiel sagt: »Ich will mich besser durchsetzen! Ich lege beispielsweise im Café meinen Mantel über einen Stuhl, gehe auf die Toilette und als ich zurückkomme, sitzt auf meinem Stuhl ein Fremder und mein Mantel liegt auf der Kommode neben dem Tisch! Und ich dumme Kuh nehm' meinen Mantel und geh'! Ich könnte mich vor Wut ohrfeigen!« Ich frage: »Und wenn Ihnen das morgen wieder passiert?«

Die schwache Frau weiß, was sie besser machen muss – und macht es trotzdem nicht: Wissen heißt nicht machen. Die kluge Frau weiß und trainiert – deshalb macht sie es.

Agneta sagt: »Das geht? Das bringt was? Dann trainiere ich jetzt auch. Wie?« Im Alltag:

Ihr Alltag steckt voller kleiner, blamagefreier Trainingsgelegenheiten!

Sie werden dutzendfach am Tag fündig werden. Agneta zum Beispiel sagt: »Das fängt schon mit den Kindern an! Ich rufe Hans, aber der kommt nicht! Dann rufe ich so lange, bis mir der Kragen platzt! Das kann es nicht sein.« Als Hans das nächste Mal taube Ohren vorschützt, geht sie in sein Zimmer und sagt: »Ab sofort rufe ich dich nur noch ein einziges Mal. Kommst du nicht, trägst du die Konsequenzen. Ein Freund ruft an und du kommst nicht ans Telefon? Ich lege auf. Ich rufe und du kommst nicht pünktlich zum Essen? Essen fällt aus.« Das tat es nie. Der Kleine schaute groß, dann sagte er: »Okay.« Er folgt noch immer nicht aufs Wort. Aber zehnmal häufiger als vorher: Agneta setzt sich immer mehr durch. Vor allem, seit sie täglich Dutzende solcher Trainingsgelegenheiten entdeckt und nutzt. Meckern Sie noch oder trainieren Sie schon?

Richtig trainieren

Agneta würde gern auch in besagtem Café selbstbewusster auftreten. Aber: »Was, wenn ich ihn anspreche und der Fremde bleibt einfach sitzen?« Eine exzellente Frage:

Trainieren Sie nicht für den Erfolg! Das setzt Sie unter Druck und birgt das Risiko des Scheiterns. Trainieren Sie für deutliche Verbesserungen. So lange, bis der Erfolg sich automatisch einstellt.

Sich auf Verbesserungen konzentrieren

Wer sich auf Verbesserungen konzentriert, hat irgendwann zwangsläufig Erfolg. Wer aber nur dem Erfolg hinterherhechelt, kann erstens scheitern und zweitens auch dann erfolgreich sein, wenn sich überhaupt nichts verbessert hat. Das ist Ihnen zu kompliziert? Dann konkret im Café: Agneta strebt bei ihrem nächsten Auftritt im Café keinen Erfolg an. Sie will keinen Fremden von ihrem Platz vertreiben. Denn erstens würde sie das nur unnötig unter Druck setzen und zweitens kann sie den Erfolg nicht kontrollieren: Was, wenn der Platzbesetzer ein zwei Meter fünfzig großer, entflohener Massenvergewaltiger ist? Dann ist Erfolg anzupeilen selbstmörderischer Größenwahn. Also stellt sie sich nur immer wieder vor, wie sie den Satz sagt, der für sie gleichbedeutend ist mit mehr Durchsetzungsstärke: »Wie Sie an meinem Mantel sehen können, ist das mein Platz. Ich war eben auf der Toilette.« Diese Technik nennt man Future Pace (s. Seite 46):

der simulative und damit leistungssteigernde gedankliche Schritt in die Zukunft. Was der Platzbesetzer daraufhin sagt, ist eigentlich egal: Agneta hat auf jeden Fall mehr Stärke gezeigt als vorher. Aber sie trainiert immer weiter, erst mal simulativ: »Räumt er den Platz, bedanke ich mich. Bleibt er stur, strafe ich ihn mit Blicken.« Alternativ trainiert Agneta gedanklich die Szenarien: »Ich rufe den Geschäftsführer« und »Behalten Sie ruhig Platz – wenn Sie mich auf einen Kaffee einladen.« Was trainieren Sie?

Die FBI-Technik

Der Boss raunzt Melanie an: »Sind Sie verrückt? So ein Fehler darf nie wieder passieren! Sonst werfe ich Sie raus!« Melanie ist alleinerziehende Mutter und dreifach geschockt: als Perfektionistin, weil sie einen Fehler gemacht hat. Als Frau, weil der brutale Ton sie verletzt wie eine Rasierklinge. Und als alleinerziehende Mutter, weil sie den Job braucht, um überleben zu können! Was empfiehlt die Ratgeberliteratur bei so einem Überfall?

Trau, schau, wem!

»Ruhig Blut bewahren! Nichts wird so heiß gegessen, wie es gekocht wird! Tief durchatmen!« Wirkt das bei Ihnen? Wenn ja: Bitte unbedingt in der Toolbox lassen. Wenn nein: Probieren Sie es mal mit der Fremdbestimmungs-Inversion oder kurz FBI. Ein großes Wort für einen kleinen Kniff, der den großen Unterschied macht. Zum Beispiel für Melanie. Sie ist nach dem Chef-Anraunzer nur kurz geschockt. Dann sagt sie sich: »Tut mir leid, aber in einem Betrieb, der einen bedauerlichen Fehler nicht als Lernchance betrachtet, sondern als Aufforderung zur Menschenjagd, da möchte ich nicht arbeiten. Entweder das bessert sich oder ich suche mir was anderes.« Ob Melanie das denkt oder sagt, ist eigentlich egal: ihre Wahl – und Ihre, wenn Sie die FBI anwenden:

Stress, Wut, Angst, Zorn, Frust und andere negative Gefühle werden samt der sie begleitenden Passivität und Opferhaltung meist durch eine als übermächtig empfundene Fremdbestimmung ausgelöst: Drehen Sie den Spieß um! Machen Sie aus der von außen an Sie herangetragenen Fremdbestimmung eine von innen hinausgehende Selbstbestimmung.

Und sei es nur, indem Sie die Fremdbestimmung vom hohen Ross der moralischen Überlegenheit herunterholen: »Nee, Leute, was ihr da macht, lehne ich vollinhaltlich ab. Das muss anders werden!«

Die BeST-Technik

Viona fällt immer wieder auf dieselben »starken« Typen herein, die sich hinterher als rücksichtslos und untreu herausstellen. Irgendwann sagt sie: »Geborgenheit und emotionale Sicherheit kann ich in dieser Welt offensichtlich nicht mehr erwarten.« Das ist verständlich, aber extrem. Besser wäre, wenn sie ins andere Extrem gefallen wäre: »Alle Männer sind so!« Denn Viona verwechselt da was:

Bitte trennen Sie Ihre unveräußerlichen Bedürfnisse von manchmal fehlerhaften Strategien.

Viona hat es aufgegeben, Geborgenheit und emotionale Sicherheit vom Leben zu erwarten. Mit schlimmen Folgen: In fünf Jahren ist sie so verbittert wie ein alter Mann, den seine Enkel hassen. Unerfüllte und deshalb fälschlich als unerfüllbar missinterpretierte Bedürfnisse aufzugeben, erlöst einen kurzfristig zwar von der chronischen Enttäuschung – und das tut jeder Frau gut. Doch wenn es sich dabei um ein unveräußerliches Grundbedürfnis handelt, könnten Sie genauso gut versuchen, die Luft anzuhalten. Kurzfristig geht das. Langfristig zerfrisst das Seele, Charakter und Lebensglück wirksamer als Salzsäure. Ich bitte Sie: Tun Sie sich das nicht an!

Sie haben Bedürfnisse und Sie benutzen Strategien

Das müssen Sie auch nicht, wenn Sie lernen, Ihre Bedürfnisse gedanklich von Ihren Strategien zu trennen. BeST – Bedürfnis-Strategie-Trennung: Geborgenheit ist ein Bedürfnis, Männer sind eine meist unbewusst gewählte Strategie zur Befriedigung dieses Bedürfnisses. Diese Strategie schlägt oft fehl – was eigentlich egal ist. Denn wer hat behauptet, dass frau Geborgenheit und emotionale Sicherheit nur bei Männern finden kann? Nur in einer klassischen Familie? Nur mit zwei Kindern? Nur mit einem

Haus mit Garten? Nur mit einem sechsstelligen Betrag auf dem Bankkonto? Es gibt so viele Alternativstrategien mit höherer Erfolgswahrscheinlichkeit!

Ein Bedürfnis wird nicht erfüllt? Wechseln Sie die Strategie! So lange, bis das Bedürfnis erfüllt wird.

Dass Frauen diese essenzielle Unterscheidung zwischen Bedürfnis und Strategie oft nicht wirklich gut hinbekommen, zeigt am deutlichsten das Zickentum. Viona ist zum Beispiel bekannt dafür, dass sie ihren Mitarbeitern alle zwei Wochen über Gebühr die Leviten liest, wenn diese mal wieder nicht schnell genug auf Kundenwünsche reagieren. Sie sagt: »Ich weiß selbst, dass mir das Unbeherrschte schadet und die Mitarbeiter gegen mich aufbringt! Aber die müssen einfach schneller werden!« Wieder wirft Viona Bedürfnis und Strategie in einen Topf. Der dabei entstehende Eintopf verdirbt nicht nur Viona den Magen. Diesmal wenden wir die BeST-Technik nicht im Coaching an. Viona macht das als Hausaufgabe im Selbstcoaching.

Empfinden – Denken – Handeln

In der nächsten Coachingsitzung sagt sie: »Ich habe das jetzt sauber getrennt. Wenn so etwas passiert, dann habe ich ein ungeheures Bedürfnis, Dampf abzulassen. Das mache ich ab sofort. In meinem Büro bei geschlossener Tür. Das ist die bessere Strategie zum Dampfablassen. Dann wähle ich die Strategie ›Sandwich-Feedback‹, um meinem Bedürfnis nach Fehlerbehebung nachzukommen.« Das fällt ihr die ersten Male nicht leicht, aber seither schreit sie nur noch selten rum.

Was ist deine eigentliche Aufgabe?

Renate stinkt ihr Job gewaltig. Seit acht Jahren! »Ich muss dringend eine neue Arbeit finden!«, sagt sie mit wachsender Verzweiflung. »Nein!«, sage ich.

What's the real job?

Wenn Sie vergeblich an einer Aufgabe herumknabbern, liegt es mit hoher Wahrscheinlichkeit nicht an Ihnen, sondern an der Aufgabe: Es ist die falsche. Renates Aufgabe ist ganz offensichtlich nicht, einen neuen Job zu finden, sondern das Hindernis zu identifizieren, das sie seit acht Jahren davon abhält. Einleuchtend? Ja, für Sie vielleicht. Aber nicht für jemanden, die seit acht Jahren feststeckt. In welcher Sache stecken Sie fest? Dann lassen Sie die Sache mal Sache sein und konzentrieren Sie sich auf jene Aufgaben, die vor der eigentlichen Aufgabe liegen: Angst vor Neuem (s. Kapitel 1)? Unklare Zielvorstellung (s. Kapitel 2)? Persönliche Defizite (s. Kapitel 3)? Oder etwas anderes? Machen Sie nicht den zweiten Schritt vor dem ersten. Lösen Sie immer nur jene Aufgabe, die direkt vor Ihnen liegt. Welche ist das? Finden Sie es heraus. Das ist Selbstcoaching.

Der Fragen-Finder

Häufig klagen wir: »Ich stecke fest. Ich überlege schon so lange, aber ich finde einfach keine befriedigende Antwort auf mein Problem.« Dann lassen Sie es!

Wenn Sie keine Antwort finden: Das ist lediglich das typische Zeichen komplexer Aufgabenstellungen.

Kein Anlass zur Besorgnis oder gar zur Aufgabe oder Frustration. Sondern ein Aufruf, die Richtung zu ändern:

Keine Antworten parat? Dann setzen Sie auf Fragen!

Formulieren Sie Fragen – immer wieder!

Formulieren Sie Fragen. So viele wie nötig. Und dann verbessern Sie die Fragen. Beispiel? Beispiel: Nareja klagt über einen ihrer Hauptlieferanten: »Heute liefert er perfekt, morgen totalen Schrott. Heute ist er umgänglich, morgen abweisend. Aber ich brauche ihn! Er ist unersetzbar!« Das ist keine Frage! Nareja guckt sauer, überlegt dann aber und fragt: »Kann ich ihn wirklich nicht ersetzen?« Gute Frage. Jetzt verbessert sie die Frage: »Könnte ich zusammen mit unserem Global Supply Manager nicht einen anderen Lieferanten finden? Haben wir da wirklich alle Quellen schon ausgeschöpft?« Nareja lächelt: »Schon kapiert! Keine Antworten? Fragen!« Und sie liefert gleich einen »Frust-Zerstörer« mit, wie sie es nennt: »Wenn alles kacke ist und ich keinen Rat mehr weiß: Fragen stellen geht immer!« Und bringt immer weiter. Höre ich da eine Frage? Schön.

Whatever it takes

Ich finde dieses Instrument sehr anspruchsvoll, auch wenn es ganz unscheinbar als flotter amerikanischer Slogan daherkommt.

Was ist nötig? Machen!

Zum ersten Mal hörte ich den Slogan, als ein internationales Team einer Nichtregierungsorganisation von der deutschen Bürokratie gnadenlos ausgebremst wurde: Noch ein Formular! Und noch ein Antrag! Und noch ein Gutachten! Und noch mehr Gebühren! Viele der Deutschen im Team ließen nach dem zehnten bürokratischen Stolperstein die Schultern hängen: »Hat doch eh' keinen Wert!« Eine Amerikanerin, graue Kurzhaarfrisur, Lachfältchen um die Augen, Designerjeans, hatte da schon wieder angepackt und das nächste Bürokraten-Formular ausgefüllt. Als die enttäuschten Deutschen sie erstaunt fragten, woher sie im Angesicht der überwältigenden Frustration die Kraft nähme, zuckte sie nur die Schultern und sagte: »Whatever it takes.«

Was immer auch nötig ist: Tun Sie's! Diskutieren Sie nicht. Denken Sie nicht lange nach. Zaudern Sie nicht. Tun Sie's einfach! Oder schmeißen Sie hin, weil es Ihnen das nicht mehr wert ist. Aber sitzen Sie nicht rum und blasen Trübsal: Do it or die! Machen oder bleiben lassen! Machen? Wie viel? Wie lange? Was alles? Whatever it takes. Als die Amerikanerin diesen Slogan gegenüber dem mauernden Amtsleiter fallen ließ, wurde dieser leicht fahl im Gesicht und kaute auf der Lippe. Drei Wochen später waren alle Papiere da. Er hatte das Versprechen der US-Lady als Drohung verstanden: Du kannst uns jeden Stein in den Weg legen – wir räumen ihn weg. Whatever it takes. Das wollte er sich nicht antun.

Das Schöne daran: Sie machen sich keine Gedanken mehr über Erfolg oder Misserfolg. Zweifel und Frustration berühren Sie nicht mehr. Sie konzentrieren sich voll auf das, was getan werden muss. Das befreit und gibt Kraft.

Mach's mit!

Sie kennen sicher den Holzfäller der Lehrgeschichte, der am ersten Tag acht Meter Holz sägt, am zweiten sechs und am dritten nur noch vier. Der Vorarbeiter sagt ihm: »Du musst mal deine Säge nachschärfen, sonst geht deine Tagesleistung bald gegen null!« Was sagt der Holzfäller? »Kann nicht. Keine Zeit. Muss Holz sägen.« Das sind wir.

Wir sind in unserem überfrachteten Leben derart auf unsere Aufgabenfülle, auf die knappe Zeit, die menschlichen Hindernisse in unserer Umgebung, unsere Rollenvielfalt und die Ehrfurcht gebietende Höhe unserer Ziele fixiert, dass wir einen Parameter der Gleichung aber so was von vernachlässigen: unsere Instrumente.

A tool a day keeps the doctor away

Sie müssen es ja nicht gleich wie Nadeschda machen: »Eine Stunde in der Woche suche ich bei *Google* und *Amazon* nach neuen Instrumenten. Einmal im Jahr belege ich ein Seminar, um neue Tools für meine persönliche und berufliche Entwicklung kennenzulernen.« Nadeschda ist eine Perfektionistin – aber zugegebenermaßen sehr erfolgreich. Und sie gibt tolle Tipps, weil sie immer die neuesten und besten Tools kennt. Sie müssen nicht ständig auf der Jagd nach neuen Instrumenten sein. Aber Sie sollten regelmäßig auf Tool-Safari gehen. Oder an die Tool-Börse: »Was hast denn du für ein schönes Instrument? Lass uns tauschen!« Und was immer Sie auch tun, coachen Sie sich die instrumentelle Frageroutine an: »Was mache ich? Womit mache ich das? Gibt es ein anderes, besseres Instrument dafür?« Denn der Erfolg kommt mit den Instrumenten!

Mach weiter so! 9

»Deine Gewohnheiten formen deinen Charakter.«
CHRISTINE VON SCHWEDEN

Wann soll ich mich coachen?

Im Ernst, das werde ich manchmal gefragt. Ich frage dann gern zurück: »Sie merken, wenn Sie hungrig oder durstig sind – aber nicht, wenn Sie die innere beste Freundin brauchen?« Die Indikation für Selbstcoaching ist einfach:

Seien Sie so oft wie möglich bei sich. Intelligente, einfühlsame Begleitung kann jeder Mensch jederzeit gebrauchen. Heute eine Minute mehr als gestern ist gut. Vor allem in stressigen Zeiten.

Wir können und sollten uns ständig wohlwollend begleiten. Ständig? Für manche klingt das bedrohlich nach Daueraufsicht. Für Sie auch? Das sagt mehr über Ihre inneren Antreiber als über Coaching:

Coaching bedeutet nicht permanente Kritik und Veränderung. Coaching heißt empathische Begleitung, Selbstannahme und Selbststärkung. Gutes Coaching ist angenehm.

Coaching = Selbstakzeptanz + Veränderung

Sich ständig zur Selbstoptimierung anzutreiben ist nicht Selbstcoaching, sondern kontraproduktiv und lieblos. Coaching sollte ein angenehmer und konstruktiver Mix sein aus Akzeptanz und Veränderung. Wenn es sich gut anfühlt *und* Sie weiterbringt, ist es Coaching – oder einfach nur das gute Leben. Wollen wir das nicht alle? Ich bin mir nicht sicher. Denn viele Menschen coachen nicht, sie hoffen.

Am Ende eines Seminars sagen mir Teilnehmerinnen oft: »Ich hoffe, ich kann das jetzt umsetzen.« Oder: »Das versuche ich jetzt mal, aber das ist schwierig. Ich habe so wenig Zeit für mich!« Man muss schon einiges vom Coaching verstehen, um zu erkennen, dass es nicht an der Zeit, nicht an der Hektik oder den Schwierigkeiten bei der Umsetzung liegt, sondern an einem selbst: »Ich habe nicht zu wenig Zeit, sondern zu wenig Disziplin. Wie kann ich meinen Willen stärken?« Gute Frage, aber es liegt auch nicht am Willen. Es liegt an Erlaubnis und Entscheidung.

Erlaube es dir! Entscheide dich!

Es mit eisernem Willen zu versuchen, ist gut. Disziplin ist gut. Wenn sie funktioniert und nicht bloß anstrengt. Dann bleiben Sie dabei. Wenn Sie dagegen »nicht so diszipliniert« oder erschöpft sind, ersetzen Sie den Willen mal durch eine Entscheidung:

Der Wille ist abstrakt und kostet Energie. Eine kluge Entscheidung ist konkret und gibt Energie.

Am Anfang ist die Entscheidung

Außerdem ist so eine Entscheidung motivierend und zielführend. Hier einige Entscheidungen von Frauen, die ungefähr dieselbe Selbstcoaching-Einführung erhalten haben wie Sie auf den zurückliegenden Seiten:

- »Ich entscheide mich dafür, das jetzt durchzuziehen. Mindestens einmal am Tag coache ich mich selbst!«
- »Ich möchte möglichst viele meiner Gedanken und Äußerungen möglichst konstruktiv gedanklich begleiten.«
- »Ich coache mich in den nächsten zwei Wochen so, dass ich nicht mehr fünf Mal am Tag ausflippe, sondern höchstens noch zwei Mal.«
- Frauen, die solche Entscheidungen treffen, werden dadurch schneller und bessere Selbstcoachs als Frauen, die sagen: »Ich probier's mal damit!« Das ist eine unverbindliche Absichtserklärung. Wie: »Ich kauf dann jetzt mal ein!« Ja, was denn? Lebensmittel? Kleidung? Schuhe? Das ist viel zu abstrakt. Entscheidung ist Konkretisierung. Bei Ihnen nicht?

Bei Ihnen gilt eher die Gleichung: Entscheidung = Angst, Druck und Stress? Das liegt nicht an der Entscheidung, sondern daran, dass sie noch zu groß ist. Machen Sie sie kleiner:

Beginnen Sie mit Mini-Entscheidungen!

Kleine Entscheidungen sind gute Entscheidungen

Wenn eine Entscheidung Stress auslöst, ist das ein Signal: Noch zu groß! Machen Sie sie kleiner. Jede Mini-Entscheidung ist besser als keine oder eine überzogene Entscheidung. Ich weiß, das läuft unserem anerzogenen Perfektionismus zuwider: »Entweder perfekt oder gar nicht! Jetzt sofort!« Das ist Käse. Das ahnen wir in unseren lichten Momenten. Aber wir kommen oft nicht davon los. Auch hier hilft eine Mischung aus Entscheidung und Erlaubnis:

Sagen Sie sich: »Ich erlaube mir fürs Selbstcoaching den Verzicht auf meinen Perfektionismus. Ich entscheide mich für Mini-Entscheidungen!«

Erlauben Sie sich täglich viele Mini-Entscheidungen in eigener Sache. Nur so kommt Großes zustande. Beim Selbstcoaching gibt es keine Fertighäuser, nur Hausbau Stein um Stein. Klingt anstrengend? Dann machen Sie noch etwas falsch.

Die eigentliche Motivation

Helga möchte sich gern selbst coachen, »damit ich mit meinem pubertierenden Sohn nicht zwanzig Mal am Tag die Geduld verliere und an die Decke gehe!« Hören Sie das? Obwohl Helga nicht neben uns steht, können wir förmlich hören, wie sie nach diesem Satz »Puh!« sagt und seufzend ausatmet. Auf solche Signale hört die innere Coachin:

Selbstcoaching beginnt und endet mit der Achtsamkeit gegenüber sich selbst: Was wollen mir meine Gefühle, körperlichen Empfindungen, Gedanken, meine Mimik, Gestik und Haltung gerade sagen? Auf welche Bedürfnisse versucht mein Unterbewusstes mich damit aufmerksam zu machen? Wofür stehen diese Signale?

Neue Motivation schaffen

Worauf tippen Sie bei Helga? Na klar: mangelnde Motivation. Die Aufgabe ist größer als Helgas Motivation – deshalb stöhnt sie unwillkürlich. Woher bekommt sie mehr Motivation? Sie versucht es amerikanisch: »Du schaffst das!« Sie fängt an zu kichern: »Das glaub ich ja selbst nicht!« Sie nimmt einen zweiten Anlauf mit der klassischen Visualisierung: »Ich stelle mir vor, wie schön es ist, wenn mein Sohn mal macht, worum ich ihn bitte, ohne dass es jedes Mal einen Riesenkrach gibt!« Hört sich gut an? Ja, wenn es wirkt. Es gibt Situationen, in denen die Aussicht auf den Erfolg uns motiviert. Aber es gibt auch Situationen, in denen uns selbst die Erfolgsaussicht nicht motiviert, weshalb wir uns dann Vorwürfe machen, was uns wiederum noch mehr demotiviert ... Was hilft? Dies:

Entdecken Sie hinter der bloßen Ergebnis-Motivation Ihre eigentliche Motivation.

Wenn Sie ein eigentlich »motivierendes« Ergebnis Ihrer Bemühungen nicht ausreichend motiviert, überlegen Sie sich, wozu Sie das *eigentlich* machen. Helga ist verdutzt, als ich sie darum bitte. Aber weil sie inzwischen viel über Selbstcoaching weiß, weiß sie auch, wie wichtig es ist, sich selbst in liebevoller, interessierter und unvoreingenommener Weise (bitte nehmen Sie die Adjektive ernst!) auf die Schliche zu kommen. Also überlegt sie, spürt ihren Gedanken und Gefühlen nach, coacht sich damit bereits selbst und kommt auf den Gedanken: »Ich mache das, um meinem Sohn zu zeigen, wer das Sagen im Haushalt hat? Ja, auch. Aber das ist nicht das Entscheidende. Weil ich sein ständiges Gemotze satt habe? Ja, auch. Aber das ist es ebenfalls nicht. Ich spüre, dass da noch ein starkes Bedürfnis im Hintergrund ist.« – »Was fällt Ihnen ganz spontan dazu ein?«, frage ich sie, weil ich sehe, dass ihre Selbstcoaching-Kompetenz noch nicht groß genug ist.

Was Ihre Welt im Innersten zusammenhält

Helga sagt: »Ganz spontan? Liebe!« Wir lachen beide. Dann sagt sie: »Nein, im Ernst: Ich wollte, seit ich denken kann, eine liebevolle Familie, in der jeder mit jedem respektvoll umgeht. Und jeder Streit mit ihm ist für mich kein Streit, sondern die Zerstörung meines Lebenstraums.« Sie atmet tief aus: Aha-Erkenntnis. Große Erleichterung. Und zugleich große Motivation: »Also geht es mir eigentlich um den Frieden im Leben!« Und schon daran, wie sie es sagt, erkennen wir beide: Das ist ihre eigentliche Motivation. Ihr stärkster Antrieb. Sie versucht nicht länger, die Streitereien mit ihrem Sohn zu vermeiden, weil sie diese Vermeidung nicht motiviert. Sie wird ab sofort den Frieden in ihrem Leben stärken, was sie sehr motiviert: Die tiefere, die eigentliche Motivation ist immer die bessere und prinzipiell unerschöpflich. Suchen Sie sie! Dann legen Sie los! Und dann? Dann machen Sie sich auf was gefasst.

Mach dich auf was gefasst!

Jenny wollte schon immer ein interkulturelles Projekt in ihrem Unternehmen leiten. Das hat sie für sich beschlossen und dafür ist sie motiviert. Als es fast so weit ist, stellt sie fest, dass ihr Englisch zwar gut ist, die designierten Teammitglieder aus aller Herren Länder aber jeweils mit einem so starken Akzent sprechen, dass es genauso gut Chinesisch sein könnte. Außerdem erklärt ihr Vorgesetzter, dass sie über zu wenig Praxiserfahrung für eine Projektleitung verfüge, und der Vorsitzende des Projekt-Lenkungsausschusses lässt durchblicken, dass sie aus der falschen Abteilung komme. Wie reagiert Jenny wohl auf diese Tiefschläge?

Bleiben Sie Ihren Träumen treu!

Die meisten Menschen reagieren enttäuscht. Das ist normal? Ja, aber was macht das mit dem Traum und dem guten Gefühl, das er spendet? Der Traum leidet, das gute Gefühl wird kleiner oder verschwindet. Das ist logisch – aber für den inneren Coach inakzeptabel!

Wer Träume zurückstellt, relativiert oder gar aufgibt, schadet dem eigenen Selbstwertgefühl und der Seele.

Warum brennen so viele Menschen aus, werden depressiv oder unzufrieden mit ihrem Leben? Nicht, weil das Leben hart und ungerecht ist – das ist es. Sondern weil sie ihre Träume verdrängen oder wegerklären. Das heißt nicht, dass wir die rosa Brille aufsetzen sollen – das ist das andere Extrem und genauso falsch wie seinen Traum aufzugeben. Es ist nicht »entweder oder«. Es ist »sowohl als auch«:

Es gibt Träume und es gibt widrige Umstände. Aber es ist Seelenselbstmord, selbst unter widrigsten Umständen seine Träume aufzugeben.

Denn damit gibt frau einen Teil ihrer Identität auf. Es gibt in diesem Augenblick Millionen Menschen auf der Erde, die in blutigen Diktaturen oder schlimmster Armut leben und trotzdem oder gerade deshalb von Freiheit und einem Stück Brot träumen. Oft ist der Traum das einzige, was sie am Leben hält. Den Traum aufzugeben heißt sterben; innerlich, seelisch. Wir sollten das nicht tun, bloß weil wir in Freiheit und Wohlstand leben.

Rückschlag, Misserfolg, Hindernis – das frustriert Sie, wirft Sie um? Dann träumen Sie noch nicht intensiv genug!

Lassen Sie Ihre Träume zu!

Statistiken zeigen, dass bis zu 90 Prozent der Teilnehmenden eine Diät aufgeben, wenn sie einmal kräftig gesündigt haben. Haben die keinen Traum? Nein, die machen bloß eine Diät. Und geben auf. Das ist, wie wenn die Stürmerin vom Platz geht, nur weil sie zweimal das Tor verfehlt hat. Das macht keine Fußballerin! Warum nicht? Weil sie vom Tor des Monats träumt! Bis zum Schlusspfiff! Bleiben Sie Ihren Träumen treu! Ihre Träume sind das Benzin für Ihren Seelenmotor. Träumen Sie und arbeiten Sie an der Verwirklichung Ihrer Träume! Rückschläge? Ja, die gibt es. Aber sie zerstören meinen Traum nur dann, wenn ich das zulasse. Ich kann einen Traum aufgeben, wenn ich einen anderen wähle. Aber solange ich einen Traum habe, lasse ich ihn mir von keinem Rückschlag madig machen! Das macht manchmal einsam? Gut beobachtet.

Die Einsamkeit der Träumerin

Es ist schön, wenn Ihre beste Freundin Sie versteht. Wenn es um Mode, Beziehung, Kinder und Style geht. Doch je persönlicher, mutiger, kreativer, innovativer und wichtiger unsere Träume, Wünsche und Ziele sind, desto frustrierter stellen wir oft fest: Die verstehen mich alle nicht!

Frustrationsbewältigung ist ein zentrales Element des Selbstcoachings, ach was: des Lebens! Manchmal habe ich den Eindruck, dass hohe Frustrationskompetenz gleichzusetzen ist mit Erfolg und Lebensglück. Solange Sie in der Masse mitschwimmen, ist das alles kein Problem. Finden Sie keine passenden Schuhe zum kleinen Schwarzen, trösten Sie von der *Brigitte* über Ihre Freundinnen bis hin zum Partner alles und jeder! Aber versuchen Sie mal, Ihr fünfjähriges Kind mit ins Büro zu nehmen, wenn der Kindergarten zu ist und keine Tagesmutter verfügbar – dann wissen Sie, was Frust ist! Dann kennt Sie plötzlich keiner mehr. Wie Ionesco sagte: »Wer eine Seele hat, gleicht dem andern nicht.« Und das macht Angst. Erst mal.

»Keiner versteht mich!«

Wir sind heutzutage alle derart überangepasst, dass eigene Träume und Wünsche, die nicht im gesellschaftlichen Normbereich liegen, erst mal Unverständnis und Frust verursachen. Erst uns, dann unserer Umgebung und deshalb wieder uns. Ab einem bestimmten Alter verschwindet der Frust von allein, wenn wir mit den Jahren erkennen: »Worauf warte ich eigentlich noch? In 50 Jahren bin ich tot!« Das Ziel des Selbstcoachings ist, diesen Zeitpunkt so weit wie möglich nach vorn zu verlegen. »Sie meinen, ich könnte jetzt schon anfangen, zu ...?«, fragen mich viele Frauen. Ja, genau das meine ich.

Coach yourself

Fragen Sie sich so früh wie möglich: »Was ist mir lieber – meine Träume zu verfolgen oder konform zu einer Gruppe zu leben? Wo und wie kann ich beides? Wo schließt das eine das andere aus? Und wo finde ich Menschen inner- und außerhalb meines sozialen Umfeldes, die denselben Traum wie ich verfolgen?« Im Internet-Zeitalter findet sich die Antwort auf die letzte Frage leichter.

»Ach ja, meine Träume!«, seufzen an dieser Stelle viele. Das Seufzen verrät einiges über die Seufzende: große Träume, kleine Selbstwirksamkeitsüberzeugung. Seufzen Sie auch?

Selbstwirksamkeit

Warum brennen in diesen verrückten, stürmischen, krisengeschüttelten und globalisierten Tagen so viele Menschen aus, erkranken psychosomatisch oder an Depression? Eine befreundete Therapeutin erklärt das betont einfach: »Depression und Burnout sind nichts anderes als eine als aussichtslos empfundene Hilflosigkeit.« Deshalb wirken prima facie absurd anmutende Therapien so erstaunlich gut. Die Musiktherapie zum Beispiel.

Trommeln Sie sich frei!

Da schlagen ausgebrannte Managerinnen und Mütter die Trommel oder blasen das Didgeridoo – und es geht ihnen besser! Wie ist das möglich? Ganz einfach: Wer nur noch fremdbestimmt wird und alles möglichst gestern erledigt haben muss und sich immer schwächer und ausgelieferter dabei fühlt, erkrankt nicht, wie wir oft meinen, an Erschöpfung, sondern an Hilflosigkeit: »Ich kann nichts dagegen tun! Ich kann nicht mal mehr etwas dafür tun, dass ich nachts durchschlafe oder dass es mir auch nur eine halbe Stunde am Tag gut geht!« Dann malträtiert die Managerin eine Trommel und erlebt die rhythmische Wirkung der Musik. Und es ist nicht die Musik, die sie »heilt«, sondern die Erkenntnis: »Hoppla! Ich kann ja doch was dafür tun, dass es mir besser geht! Was kann ich noch tun?« Das nennt man dann Selbstwirksamkeit.

Alles, was Ihre Selbstwirksamkeit steigert, ist gutes Coaching.

Das beste Credo: Ich bewirke!

Die Selbstwirksamkeitsüberzeugung ist eine der wichtigsten, wenn nicht die wichtigste Stellschraube im Leben eines Menschen. Selbstwirksame Frauen sind resilient, souverän, gelassen, stressresistent, weniger oft krank, wirken sympathisch, ohne sich aufzubrezeln, sind erfolgreich und ausgeglichen. Logisch für einen Menschen, der ganz tief drin immerzu denkt, nein fühlt: »Was ich will und was mir passiert, kann ich beeinflussen!« Ein starker Glaube, eine Self-fulfilling Prophecy, ein großes Mantra, ein wirksames Credo. Wenn Sie für sich nur ein Thema coachen wollen, coachen Sie dieses!

Welche Gedanken und Tätigkeiten steigern Ihr Selbstwirksamkeitsgefühl? Machen Sie eine Liste! Wie viele dieser Tätigkeiten und Gedanken haben Sie heute schon untergebracht? Kommen Sie auf zehn? Das wäre gut. Welche Gedanken mindern Ihre Selbstwirksamkeitsüberzeugung? Welchen verborgenen Nutzen erhoffen Sie sich, daraus ziehen zu können? Wie können Sie diesen Nutzen anders erreichen?

Coach yourself

Musikmachen baut die Selbstwirksamkeitsüberzeugung auf, Sport auch (wenn er ohne Perfektionismus betrieben wird), vielen Frauen hilft auch Kochen oder Backen. Oder die Mischpult-Technik.

Bianca ist Juniorprofessorin und sehr erfolgreich. Aber gegenüber Vaterfiguren zu oft zu unterwürfig: »Dagegen komm' ich einfach nicht an!« Das mag sein, aber das hilft ihr nicht: null Selbstwirksamkeitsgefühl an diesem Punkt. Also geht sie in die innere Auftragsklärung (s. Kapitel 2): »Ich stehe auch gegenüber Vaterfiguren meine Frau!« Das will sie. Während sie das sagt, bitte ich sie, vor den Spiegel zu treten. Sie lacht: »Sieht aus wie ein kleines Mädchen.« Auf gut deutsch: Sie glaubt sich den Satz selbst nicht. Nicht wirklich. Er klingt noch nicht überzeugend. Also werfen wir das Mischpult an.

Üben, üben, üben

Ich frage sie nach einer weiblichen Vorbildfigur. Sie sagt: »Vanessa Redgrave!« Kann sie sich deren Stimme vorstellen? »Und wie! Ich kann komplette Texte aus ihren Filmen nachsprechen! Im Original!« Ich bitte um eine Kostprobe: stimmt, beeindruckend. Dann bitte ich Bianca, dass sie ihr Mantra der Selbstwirksamkeit in der Stimme der Redgrave denkt. Die Metamorphose vor dem Spiegel ist deutlich: Ihre Haltung streckt sich, die Arme kriegen Spannung, das Kinn hebt sich, ihr Blick geht glatt durch eine Ziegelwand. Mit dieser Frau würde ich mich nicht anlegen wollen! Dann bitte ich Bianca: »Spielen Sie weiter am Mischpult Ihres inneren Soundtracks. Sagen Sie sich Ihr

Mantra mit der Stimme der Redgrave vor, die das Bühnen-Soundsystem von Metallica benutzt und deren Kind ein doofer Lehrer gerade ungerechtfertigt einen Eintrag ins Klassenbuch gegeben hat.« Ich höre nicht, wie die Stimme in ihrem Kopf sich verändert, aber ich kann von außen die Wirkung sehen und trete unwillkürlich einen Schritt zurück: Wow, Darling! Diese Frau kickt Stahltüren ein. Von der devoten Tochter zur feuersprühenden Amazone in zwei Minuten! Ein Wunder? Nein, harte, ehrliche Arbeit:

Selbstwirksamkeit ist kein Geschenk, sondern die Frucht harter, ehrlicher Arbeit.

Warum sollten wir diese Arbeit auf uns nehmen? Zoe brachte das mal auf den Punkt: »Das bin ich mir schuldig!« Das ist es. Genau das.

Finde das rechte Maß!

Nur weil ich recht erfolgreich Menschen berate und Bücher schreibe, bin ich noch lange keine Millionärin. Ich arbeite viel und intensiv, muss mit meinen Geschäftspartnern hart verhandeln. Neulich führte ich eine überbordende Reihe von Verhandlungen in einer Woche. Bei der fünften war ich einigermaßen platt. Ich erreichte plus/minus meine Verhandlungsziele – bis auf zwei Punkte. »Du hast dich über den Tisch ziehen lassen! Du hast versagt!«, kommentierte meine innere Kritikerin. Glücklicherweise war meine innere Coachin auch mitgekommen.

Reden Sie mit Ihrer inneren Kritikerin

Sie sagte: »Versagt? Nun mach aber mal einen Punkt! Du hast in dieser Woche zwei Seminare gehalten, drei Klienten gecoacht, die alten Eltern betreut, am neuen Buch geschrieben und jede Menge Verhandlungen geführt. Es ist Freitag und du bist am Ende deiner Kräfte. Wenn du auch nur zehn Minuten länger verhandelt hättest, hätten sie dich auf der Bahre raustragen müssen und du redest von Versagen? Du hast nicht versagt. Du hast das rechte Maß gefunden.«

Mich tröstet dieser Gedanke vom rechten Maß ungemein – wenn er fundiert ist und nicht bloß Scheinrationalisierung von Resignation. Manchmal mache ich das nicht erst hinterher, sondern schon von vornherein:

Fragen Sie sich vor, bei und nach jeder Aufgabe: Was ist das rechte Maß?

Das Maßhalten erspart mir jede Menge Frust und Energieverlust. Erst neulich sah ich einen tollen Blazer, Markenmodell, heruntergesetzt auf 300 Euro und in meiner Größe vorrätig. Ich griff zu. Zwei Wochen später war das gleiche Modell noch weiter auf 250 Euro herabgesetzt. Ich stellte mir vor, wie ich das früher gemacht hätte: Ich hätte mich vor den Kleiderschrank gestellt, mir beim bloßen Anblick des Blazers die zu viel ausgegebenen 50 Euro vorgeworfen und maßlos frustriert das Teil nur noch ungern angezogen. Mit der Betonung auf »maßlos«. Heute mache ich das anders.

Maßhalten ist besser als Perfektionismus

Heute finde ich das rechte Maß, weil ich es bewusst suche. Ich stehe vor dem Schrank und sage mir: »Wenn du gewartet hättest, bis er auf 250 Euro runtergesetzt gewesen wäre, hättest du womöglich keinen mehr in deiner Größe bekommen. Außerdem konnte das ja keiner wissen! Also hast du richtig gehandelt.« Ich trage das Teil gern, es sieht gut an mir aus. Weil ich Maßhalten gelernt habe. Das ist trivial? Ja, die Sätze, die ich mir vor dem Kleiderschrank sage, sind an Trivialität nicht zu überbieten. So trivial ist Selbstcoaching – wenn frau es *macht*. Der Clou ist bloß: Die meisten Frauen machen es *nicht*. Sie ärgern sich gelb und grün und geben das Teil in die Kleidersammlung. Was sagt das über Trivialität aus?

Authentizität

Meine Tochter brachte mir jüngst eine Anthurie mit. Schöne grüne Blätter, zwei rote Blüten, ganz günstig aus dem Blumenladen. Es ist nicht unbedingt meine Lieblingsblume – aber wenn man so nett beschenkt wird! Also nahm ich die Blume auf mein Fensterbrett, goss sie und redete ihr gut zu. In täglicher Zwiesprache machte sie sich ganz wunderbar. Mit Blumen reden? Spinnt die Alte?

Wer glücklich sein möchte, muss Skrupel überwinden. Überfluss oder Mode machen oft froh, aber selten glücklich.

Was macht Sie authentisch?

Ich weiß nicht, was es ist, aber es will raus aus mir: Ich brauche Blumen, mit denen ich reden kann. Dann geht's mir gut. Natürlich schaue ich mich erst um, ob auch niemand in der Nähe ist. Ich will ja keinen erschrecken. Aber wenn mir das guttut, warum sollte ich darauf verzichten? Das ist Authentizität, ein großes Wort, das gerade wieder groß in Mode ist.

Bea sagt dazu: »Ich bin meinem Mann so dankbar, dass er sich manchmal von mir umsorgen lässt – sonst müsste ich mir ein Pferd kaufen und das könnte ich mir nicht leisten!« Bea braucht gelegentlich ein lebendes Wesen um sich, dem sie ihre ganze Zuneigung und Sorgfalt schenken kann. Das muss dann raus aus ihr und dann ist sie froh, wenn sie ihrem Mann die malade Schulter massieren oder ihm sein Lieblingsessen kochen kann und er danach mit treuem Dackelblick seufzt und sagt: »Ohne dich wär ich glatt aufgeschmissen!« Das finden Sie jetzt aber so was von vorgestern, chauvinistisch und frauenfeindlich? Ich auch. Deshalb ist es authentisch: keiner Mode unterworfen, sondern exakt das, was Bea braucht. Und dann holt sie es sich. Schaffen Sie das auch?

Coach yourself

Fragen Sie sich: »Was will wann raus aus mir? Was brauche ich wann? Gebe ich es mir? Wie? Mit vertretbaren Kosten? Geht es auch auf andere, möglicherweise weniger selbstschädigende oder die Umwelt verwirrende Art?«

Ach ja, Authentizität: Sie dürfen das auch Selbstverwirklichung nennen. Das höchste Ziel des Selbstcoachings und des Lebens.

Coaching ist Haltung

Manche behaupten, Coaching sei keine Methode, sondern eine Haltung. Ein brillanter Gedanke!

Miriam versucht gerade, sich einige ihrer Killer-Einstellungen wegzucoachen. Wie läuft es? »Ach, Mist! Ich falle immer noch zehn Mal am Tag drauf rein!« Ich muss fast lachen: Miriam coacht sich gerade ohne Coaching-Haltung. Sie ist böse zu sich. Okay, sie ist das gewohnt, weil sie das seit über 30 Jahren so macht. Aber würden Sie gern mit einer Coachin zusammenarbeiten, die Ihnen sagt: »Mist! Sie machen es immer noch zehn Mal am Tag falsch!«? Sicher nicht:

Selbst wenn Sie die falsche Technik einsetzen und sich kreuzdämlich anstellen, versetzt eine gute Coaching-Haltung bereits Berge!

Seien Sie Ihrem Garten eine gute Gärtnerin!

Wie geht eine gute Coaching-Haltung? In einem Wort: wertschätzend. Hegend, pflegend. »Ach, Mist, das war wohl nichts!« Typisch weiblicher Perfektionismus. Eine gute Gärtnerin würde dagegen sagen: »Hey, da bewegt sich was! Da kommt ein winziger grüner Trieb! Trampel den nicht kaputt! Gieß ihn und lass ihn wachsen!« Keine Gärtnerin sagt im Frühjahr: »Was soll der Unfug? So winzige Triebe bloß? Ab damit in den Schredder!« Wenn die Gärtnerin so denken würde, gäbe es kein Grün im Sommer. Aber das geht alles viel zu langsam?

Das tut es meist, wenn es etwas Wichtiges ist. Ungeduld ist ein toller Motivator. Auch die Gärtnerin ist ungeduldig. Aber sie findet das rechte Maß (s. Seite 160) zwischen treibender Ungeduld und hegender Pflege. Das eine geht mit dem anderen Hand in Hand. Das ist gesunder Menschenverstand? Das ist es. Und der fehlt unserer Zeit wie das Wasser der Sahara.

Der Wald ist ein schönes Beispiel: Vom Samen bis zum Holzschlag sind es 60 bis 100 Jahre. Jede Försterin, die eine Buchecker in den Boden steckt, weiß, dass sie die Holzernte wahrscheinlich nicht erleben wird. Hält sie das ab? Nein. Denn sie ist der Natur verbunden, wie die Coachin der Natur der Dinge verbunden ist:

Anstrengung zahlt sich aus

Wenn ich heute an meiner Einstellung oder an meinem inneren Monolog oder an etwas anderem arbeite, dann macht mir das heute Mühe und Umstände. Aber morgen ruhe ich sozusagen im Schatten meiner Bäume. Dass uns diese Verbundenheit mit unserer eigenen Natur abhanden gekommen ist, spricht nicht gegen Selbstcoaching, sondern dafür.

Prüfe dein Selbstbild!

»Ich kann nicht so gut mit Zahlen«, sagt Salome und legt Bert eine Deckungsbeitragsrechnung vor, damit er ihr helfe. Bert schaut sie an: »Aber in der Kneipe rechnest du doch immer schneller zusammen als die Bedienung!« Fakt ist: Salome rechnet gut und schnell. Ihr Selbstbild aber sagt: »Ich kann nicht so gut mit Zahlen!«

Nicht Ihr Talent oder Ihre Kompetenz bestimmen über Ihr Glück und Ihren Erfolg, sondern Ihr Selbstbild.

Ich las dazu mal ein schönes Kinderbuch: *Der Löwe, der sich fürchtete*. Der Löwe ist der König der Tiere. Doch dieser Löwe ist so ängstlich, dass ihn sogar eine Maus erschreckt. Deshalb schläft er direkt neben dem Bett seines Dompteurs im Zirkuswagen. Und wenn er Albträume hat, der ängstliche Löwe, dann zittert er im Schlaf so sehr, dass der Wagen wackelt, die Scheiben klirren und der Zylinder des Dompteurs vom Regal poltert. Der Löwe ist zwar das mächtigste Tier im Tierreich. Aber in seinem Selbstbild ist er kleiner als die kleinste Maus. Daher der früh-emanzipatorische Slogan: »I am woman! Hear me roar!« Viele Männer verstehen das nicht. Das versteht nur ein sehr mächtiges Wesen, das sich selbst für schwach, fehlerhaft, ungenügend, unsympathisch, unattraktiv, zu dick, zu wenig gut artikuliert und für ein wenig doof hält.

Sie haben ein Selbstbild. Wie sieht es aus? Listen Sie die Adjektive auf. Was wäre ein besseres Selbstbild? Was wäre das Idealbild? Spielen Sie ein wenig mit den Attributen. Wie würde es sich anfühlen, so zu sein? Genießen Sie das Gefühl, verstärken Sie es. Wiederholen Sie die Übung. Beobachten Sie, wie Ihr Selbstbild sich verändert.

Coach yourself

Bleib dabei!

»Ich merke gar nicht mehr, wenn ich mich coache«, sagen mir viele, wenn ich sie nach einigen Monaten wiedersehe. »Es ist mir zur zweiten Natur geworden, ich mache es automatisch.« Andere sagen: »Ich bin manchmal allein, aber nie einsam. Ich habe ja mich.« Oder: »Früher fühlte ich mich oft unverstanden. Heute verstehe ich mich.« Es gibt keinen größeren Trost. Bea sagt: »Ich nehme mich heute ernst. Das ist ein wunderbares Gefühl!« Sie sagt auch: »Ich kann mich heute ganz gut um mich selbst kümmern. Ich komme gut mit mir aus. Ich halte es in einem stillen Zimmer mit mir aus. Ich kann mir selbst die Hand reichen.« Braucht sie deshalb ihren Mann nicht mehr? Ihre Kinder, ihre Freundinnen?

Sie lacht: »Im Gegenteil: Mit denen komme ich jetzt viel besser aus und sie auch mit mir, weil ich emotional und intellektuell selbst für mich sorgen kann und ihnen nicht ständig mit Bedürfnissen auf die Nerven falle, die sie mir nicht erfüllen können, selbst wenn sie es wollten.« Bea ist affektiv autonom – die höchste Entwicklungsstufe des Menschen.

Selbst ist die Frau

Sie kann sich selbst geben, was sie an guten Gedanken und Gefühlen braucht. Beneidenswert. Vor allem, wenn man bedenkt, dass Bea noch vor acht Monaten ein typisch weibliches Produkt der westlichen Zivilisation war: perfektionistisch, vom Rollen-Overkill (Mutter, Berufstätige, Partnerin, Tochter, Tante ...) ausgezehrt, vom Dauerstress geschafft, wechselnd co-abhängig von

Mann, Familie, Konsumwahn und ungezügeltem Materialismus. Und heute: von allem geheilt, von allem genesen. Nicht wegen irgendeiner Wundertherapie, sondern aus eigener Kraft, weil sie sich selbst bei der Hand genommen, selbst gecoacht hat, was wiederum ihr Selbstwertgefühl und ihre Selbstwirksamkeitsüberzeugung steigert, was sie noch glücklicher und erfolgreicher macht, was sie zu einer noch besseren Coachin werden lässt, was ...

Wollen Sie auch? Wie's geht, wissen Sie jetzt.

Nachwort: Vom inneren Wachstum

»Das Schicksal formt die Fügsame, die Mutige formt ihr eigenes Schicksal.«
GOLDA MEIR

Was wollen Sie werden? Es geht nicht bloß darum, dass wir erfolgreicher, attraktiver oder leistungsfähiger werden (wollen). Natürlich werden wir das, wenn wir uns coachen. Selbstcoaching ist relativ linear und grob proportional zum Erfolg: Je mehr Sie sich selbst coachen, desto mehr erreichen Sie damit. Aber wenn Ihre angestrebten Ziele nur »besser, schöner, stressresistenter ... zu sein« wären, verpassten Sie einiges.

Es geht um mehr

Es geht ums Ganze. Ums ganze Leben. Wenn Sie mit Selbstcoaching nur besser, schneller, erfolgreicher werden wollen, erreichen Sie oft lediglich, dass sich das Hamsterrad nur noch schneller dreht. Wir sollten auch daran denken, dass die Anforderungen an uns alle in den letzten zehn Jahren jedes vernünftige und erträgliche Maß überschritten haben. Beruflicher Erfolgsdruck, Statuszwänge, Fremdbestimmung, Außenorientierung, Konsumzwang und Freizeitstress haben ein pathogenes Ausmaß erreicht. Das ist uns doch alles längst über den Kopf gewachsen! Jede Frau muss inzwischen für sich selbst überlegen, inwieweit sie sich das noch antut, wie und wo sie aussteigen, bremsen, entsagen, verkleinern, entschleunigen kann, sollte oder müsste. Das ist keine Option. Das ist Notwehr.

Ausstieg aus der Unsinnigkeit

Steigen wir aus Anforderungen aus, die unsinnig sind, die uns überfordern, die lediglich ein vages gesellschaftliches oder zeitgeistiges Postulat erfüllen, das uns nicht wirklich glücklich macht, uns innerlich nicht wachsen, sondern verkümmern lässt. Das sollte neben den ganzen prozeduralen Zielen des Selbstcoachings (besser, schöner, schneller) unser hohes Ziel sein: persönliches Wachstum. Wachsen im Wesentlichen!

Mehr Qualität statt bloßer Quantität

All die Äußerlichkeiten machen doch nicht glücklich. Nicht wirklich, nicht tief drinnen und schon gar nicht nachhaltig. Eine intelligente, selbstbestimmte Frau muss nicht jedes Status-, Antreiber- oder Modediktat mitmachen! Unsere Ziele sollten echtes, unkäufliches Lebensglück, Authentizität, Selbstbestimmung, innere Gelassenheit und Stärke sein. Konkret: den uns entsprechenden Mittelweg zwischen Fremdbestimmung und Totalverweigerung zu finden, unser Leben an unseren eigenen inneren Werten und nicht an Kleiderschrank und Wohnzimmerausstattung auszurichten. Mit weniger sollten wir uns nicht zufriedengeben. Warum? Weil wir erst dann zur Ruhe und zur Erfüllung gelangen. Vorher schaffen wir das höchstens im Urlaub und an besonderen Wochenenden. Ich weiß: Die Welt, in der wir leben, unterstützt unsere Authentizität und Selbstverwirklichung, das Wesentliche und unser eigenes persönliches Glück nicht wirklich, sondern lenkt uns davon ab, setzt die falschen Anreize und bestraft uns oft genug, wenn wir uns selbst mal was Gutes tun wollen, das nicht den Konsum ankurbelt. Ich weiß: Allein schon das Ziel des persönlichen Glücks zu verfolgen, kostet Mut, Entschlossenheit und Beharrlichkeit. Aber genau dabei leistet Ihnen das Instrumentarium des Selbstcoachings, das Sie jetzt kennen- und anwenden gelernt haben, unschätzbare Dienste – oder ich, wenn Sie möchten. So erreichen Sie mich:

metatalk Kommunikation + Training
Dr. Cornelia Topf
info@metatalk-training.de
www.metatalk-training.de
www.twitter.com
www.xing.com

Über die Autorin

Dr. Cornelia Topf ist ausgewiesene Expertin für Erfolgskommunikation. Sie studierte Wirtschaftswissenschaften mit den Schwerpunkten Marketing, Kommunikation, Organisation und Psychologie.

Bevor sie 1988 in Augsburg ihr eigenes Trainingsinstitut *metatalk* gründete, war sie als Managerin in verschiedenen Unternehmen tätig. Sie ist seit über 20 Jahren Executive Coach, Trainerin und Vortragsrednerin.

Der Erfolg ihrer Seminare, Coachings und Vorträge auf internationaler Bühne und ihrer mehr als ein Dutzend Ratgeber und Bestseller spricht für sich und ihren praxisnahen, pointierten und mitreißenden Stil. Cornelia Topf ist international aktiv, insbesondere mit den Themen: überzeugende Rhetorik, souveräne Körpersprache, begeisterndes Auftreten und gewinnende Wirkung sowie professionelle Verhandlungsführung, nachhaltige Selbstsicherheit und Frau und Karriere.

Im GABAL Verlag ist von Cornelia Topf außerdem erschienen:

Einfach mal die Klappe halten.
Warum Schweigen besser ist als Reden.
Offenbach: GABAL, 2010.
Erhältlich auch als Hörbuch und E-Book.

Weiterführende Literatur

Dweck, Carol: Selbstbild. Wie unser Denken Erfolge oder Niederlagen bewirkt. Frankfurt/M.: Campus 2007.
Die bahnbrechende Forschung der US-Wissenschaftlerin bildet die Basis jeder Selbstentfaltung: Menschen mit einem sogenannten Open Mindset sind glücklicher und erfolgreicher. Und genau dieses Open Mindset kann man/frau sich ancoachen. Pflichtlektüre für jede Frau, die sich selbst ernst nimmt.

Fredrickson, Barbara: Die Macht der guten Gefühle. Wie eine positive Haltung Ihr Leben dauerhaft verändert. Frankfurt/M.: Campus 2011.
Ohne Witz: Bei einem Verhältnis der positiven zu den negativen Empfindungen von 3:1 gelingt jedes Leben, jede Beziehung, jede Ehe ... Ernüchternd quantitative Sichtweise, aber so bestechend recherchiert und argumentiert, dass frau sich die Idee mal ansehen sollte.

Fritsch, Gerlinde Ruth: Praktische Selbst-Empathie. Herausfinden, was man fühlt und braucht. Gewaltfrei mit sich selbst umgehen. Paderborn: Junfermann 2010.
Eines der wenigen Bücher, das Gefühle nach dem modisch verbreiteten Muster der kognitiven Verhaltenstherapie nicht einfach wegerklärt, sondern ernst nimmt. Kurz: Das Buch für Bauchmenschen, die sich coachen wollen.

Germer, Christopher: Der achtsame Weg zur Selbstliebe. Wie man sich von destruktiven Gedanken und Gefühlen befreit. Freiburg: Arbor 2011.
Das Thema Selbstcoaching aus der Sicht der modernen buddhistischen Psychologie: Achtsamkeit und wohlwollende Begrüßung auch von »störenden« Gefühlen und Empfindungen sind zentral für jedes (Selbst-)Coaching. Der Autor zeigt auf für Kopf- wie Bauchmenschen sehr angenehme Weise, wie frau sich das aneignet.

Hendricks, Gay: The Learning to Love Yourself Workbook. New York: Atria Books 1990.
Das radikalste Buch zum Thema Selbstcoaching, das frau sich vorstellen kann. Leider nur im Original erhältlich, aber einfach geschrieben. Seine Botschaft: Wenn du lernst, dich selbst zu lieben, brauchst du kein Coaching und keine anderen Krücken (Stichworte Beziehungspartner, Mode, Clique …).

Rother, Robert/Rother, Gabriele: Klopf-Akupressur. München: Gräfe und Unzer 2007.
Nein, keine Esoterik, sondern eine einfache Soforthilfe-Technik, die jeder Mensch bereits im Kindergarten kennenlernen sollte, so nützlich ist sie.

Sellin, Rolf: Wenn die Haut zu dünn ist. Hochsensibilität – vom Manko zum Plus. München: Kösel 2011.
Bis zu 20 Prozent der Menschen im Westen sind hochsensibel – das weiß bloß kaum ein Psychologe, Autor, Lehrer oder Betroffener. Wer das für sich selbst herausfindet, verschafft sich unglaubliche Erleichterung und Vorteile: (Selbst-)Coaching funktioniert dann doppelt so gut.

Wiseman, Richard: Wie Sie in 60 Sekunden Ihr Leben verändern. Frankfurt/M.: Fischer Taschenbuch 2011.
Der britische Professor entlarvt viele populistische (Selbst-)Coaching-Rezepte, die wir alle schon dutzendfach gelesen, gehört und (vergeblich) angewandt haben, als Mythen und führt eine Reihe von (Selbst-)Veränderungsrezepten an, die in nur 60 Sekunden anwendbar sind und deren Wirksamkeit wissenschaftlich nachgewiesen ist.

Register

Abwärts-Einstellungen 26–30
Achtsamkeit 96 f., 132, 153
Appreciative Inquiry (AI) 114
Attraktivität 47
Auch-wenn-Formulierung 125 f.
Auftrag 35–47, 55
Auftragsklärung 34, 36 ff., 45, 47, 159
Aufwärts-Einstellungen 26–29, 36
Authentizität 66, 81, 93, 97, 161 f., 168

Beharrlichkeit 29, 43, 65, 77, 119, 168
BeST-Technik 146 f.
Blaming 34, 67
Burnout 86, 95, 107, 158

Change-Talk 130 ff.

Direktes Reden 129 f.
Dissoziationstechnik 116
Disziplin 22 f., 41 ff., 96, 98, 112, 152
Dramatisierung 28, 83

Eigenlob 33 f., 120 f.
Eigenmotivation 88
Eigenverantwortung 26, 36
Eigenvertrag 75
Einstellungen 13, 15–28, 31, 34, 38, 41, 47, 50, 52, 57, 64, 74, 78, 87, 89 ff., 137, 163 f.
Einstellungen, engagierte 50
Einstellungen, konstruktive 16, 20 f., 23, 25 f., 50, 90
Einwände, innere 18, 42, 43, 44 f.
Entantwortung 26, 81, 112
Entscheidungen 69, 107, 114, 152 f.
Erlaubnis, innere 47
Erwartungen 56 f., 103

Feedback 137, 141
Flexibilität 27, 38 ff., 136 f.
Fragen 17, 19, 28, 36 f., 42–47, 59, 70 f., 74, 88 f., 102–114, 116, 123, 137, 141 f., 148, 157, 161 f.
Fremdbestimmungs-Inversion (FBI) 145
Frustrationstoleranz 28
Fühl-dich-gut-Katalog 21
Future Pace 46, 58, 144

Gedanken 15 f., 20, 22, 26, 57 f., 69, 83, 89, 91 f., 109, 111, 118, 121 f., 130, 135, 139, 149, 152 ff., 159, 165
Gedanken, konstruktive 22, 50, 135
Gefühle 15, 21, 29, 51, 56 f., 83–89, 91 ff., 95, 97 f., 101, 104–108, 110 f., 113 f., 116–119, 121–124, 127 ff., 135–140, 142, 145 ff., 149–155, 157–165, 167 f.
Gute-Tochter-Syndrom 64

Hindernisbewältigungstyp (HBT) 98
Hindernisse 52, 58, 67–74, 76–85, 87, 89–99, 123, 125, 137, 148, 150, 156

Intention 103
Introjekt 121 f., 126 ff.

Killer-Einstellungen 89 f.
Kompensationstheorem 61
Komplexität 11, 39
Konstruktiver Innerer Dialog (KID) 54 f., 59, 117 ff., 123 ff., 127 f., 132

Mischpult-Technik 159
Mood Management 138
Motivation 9, 45, 88, 123, 154
Motivation, eigentliche 153

Neurolinguistisches Programmieren (NLP) 142

Omi-Einflüsterung 122
Optimistin 25

Pacing & Leading 52
Passivität 27, 30, 89, 145
Perfect Fit 41
Perfektionismus 27, 38, 64, 71 f., 94 f., 111, 153, 159, 161, 163
Pessimistin 25
Positives Denken 124
Prime Directive 54, 58
Priming 129
Prioritäten 29, 75, 76, 107

Realismus 27
Realitätsabwehr 27
Reframe 140, 143

Schönheit, innere 24
Sekundärnutzen 30 f.
Selbstbild 164 f.
Selbstempathie 28
Selbstkritik 28
Selbstreflexion 89 f.
Selbstwertgefühl 14, 33, 47, 52, 54, 89, 140, 155, 166
Selbstwirksamkeit 158 ff.
Selbstwirksamkeitsüberzeugung 157 ff., 166
Self-Supporting Sentences 91, 128, 132
Self-Talk 125, 132
Shakespeare-Strategie 132
Signature Strength 61
Skript 15, 115
Stärken 10, 34, 50 f., 54, 60 ff., 64 ff., 84, 128
Streisand-Prinzip 60
Struktur 38–41
Subjective Units of Strength (SUS) 56, 60
Suggestivfragen 104, 136
Support Team 71

Tatsachen 13, 16, 83, 89
Traits 123
Troubleshooter 73

Verbalprägung 135, 139
Vergleichen 59
Verhandlung 40 f.
Verzetteln 77

Werte 46, 66, 140
Wunsch 34, 36 f., 47, 49, 67, 71, 104

Ziele 11, 21, 23, 35–40, 67 ff., 76 f., 79, 110, 114, 116, 157, 162, 167 f.
Zweifel 50–54, 57 f., 68 ff., 83, 90, 142, 149